DANS LA MÊME COLLECTION

QU'EST-CE QU'UNE ACTION ?

COMITÉ ÉDITORIAL

CHEMINS PHILOSOPHIQUES

Collection dirigée par Roger POUIVET

Pierre LIVET

QU'EST-CE QU'UNE ACTION ?

Paris

LIBRAIRIE PHILOSOPHIQUE J. VRIN

6, place de la Sorbonne, V[e]

2005

Donald Davidson, *Actions et Événements*, traduction française
P. Engel, p. 79-82.
© Paris, PUF, 1993

© *Librairie Philosophique J. VRIN,* 2005

Imprimé en France

ISBN 2-7116-1737-8

www.vrin.fr

QU'EST-CE QU'UNE ACTION ?

INTRODUCTION [1]

La notion d'action est à la croisée de deux problèmes. Le premier est de savoir comment distinguer un mouvement intentionnel d'un mouvement qui ne l'est pas. La chose est relativement aisée pour un mouvement réflexe ou pour un mouvement induit par une pression extérieure, mais d'autres cas sont plus difficiles. Le second est de savoir dans quelle mesure nous pouvons considérer une personne comme responsable des changements qu'elle a produits dans le monde. La notion d'action, liée à la notion d'intention, est censée être la réponse aux deux problèmes, puisqu'une action est un mouvement intentionnel et que nous sommes jugés responsables dans la mesure où les conséquences de notre action sont intentionnelles. Mais alors la définition de ce qu'est une action va dépendre de la réponse qu'on tente d'apporter aux deux problèmes, et réciproquement, si bien qu'il faut être attentif à éviter une circularité.

1. Je remercie Ruwen Ogien, Elisabeth Pacherie, Joëlle Proust, Roger Pouivet et Françoise Schenck pour leurs suggestions.

Le premier problème pourrait sembler de peu d'importance à côté du second, qui engage et le droit, et la morale. Mais des enjeux philosophiques et métaphysiques décisifs lui sont sous-jacents. Nous pouvons observer les mouvements, mais pouvons-nous observer les intentions ? Faut-il penser qu'elles existent indépendamment des mouvements ? Devons-nous mettre les intentions du côté de l'esprit et de la pensée, et le mouvement du côté de la matière ? Rendre compte de l'action nous oblige-t-il à être dualiste ? Et si nous ne le sommes pas, nous ne pouvons cependant nier que nous nommons intentions des positions intimes qui ne donnent encore lieu à aucun mouvement (mon intention d'écrire un jour la conclusion de ce livre, par exemple), voire qui n'en produiront jamais – mon intention d'apprendre le tango. Mais si nous pouvons avoir des intentions qui ne donnent pas lieu à des mouvements, pourrait-il exister des actions qui ne soient pas des mouvements ? Penser, est-ce une action ? Notre concept d'action implique des changements physiques. Ces changements peuvent-ils être simplement internes à notre cerveau ? Tout changement cérébral deviendrait-il alors une action ? Dans la mesure où l'action semble impliquer un effet de l'esprit sur la matière, cet effet doit aussi avoir sa source dans un autre changement matériel, mais comment nous assurer que ce changement, cette cause, correspond à une intention ? C'est tout le problème du rapport entre esprit et matière, entre sens et changement physique, qui est posé par l'action.

Le second problème n'est pas moins difficile. Un agent est responsable de son action. Mais quelles sont les limites de cette responsabilité ? Intuitivement, nous supposons que la responsabilité est limitée vers l'aval ; nous ne serions responsables que des conséquences prévisibles de l'action. Mais alors nous ne nommerons pas action ces conséquences imprévisibles. Nous réduirons l'action à des effets plus immédiats. La responsabilité serait aussi limitée par l'amont : si nous avons été contraints, si nous étions dans l'incapacité d'agir autrement, si nous n'avions pas une connaissance suffisamment informée de la situation, notre responsabilité serait amoindrie. Mais une activité qui ne serait que le résultat d'une contrainte serait-elle encore une action ? Et l'ignorance ne peut-elle pas être traitée comme une contrainte ? Dès lors tout ce qui nous ôte de la responsabilité semble aussi rendre plus difficile d'élever notre activité au rang d'une action. Enfin nous pouvons nous demander si nous sommes non seulement responsables des actions effectuées, mais aussi de nos intentions ? Devons-nous alors évaluer les actions par leurs conséquences, ou par leurs intentions ? Et cela de nouveau nous amène à penser l'action comme un lien entre intentions et conséquences. Et pour que l'action ne soit pas un transformateur qui mystérieusement permet à des intentions d'avoir des conséquences, nous sommes renvoyé à la recherche de la solution du premier problème.

L'action semble donc être conçue comme un passage, une transformation entre une intention et un mouvement, voire entre une représentation interne et un comportement externe, un comportement qui change une petite portion du monde (ne serait-ce que la position de notre corps). La catégorie d'action désigne donc aussi un changement de catégorie. Qu'elle soit toujours en tension entre deux domaines supposés différents a des répercussions dans les manières de penser l'action, qui sont souvent marquées par des dualités.

Ainsi l'action doit mettre en branle un processus causal, puisqu'elle doit avoir des effets, mais elle déclenche ce processus au nom de buts, de fins, de valeurs, donc en général de représentations et de significations, qui apparaissent comme les raisons de l'action. Mais les raisons peuvent-elles être directement des causes, ou bien doit on traiter séparément les raisons de l'action et ses effets, sans savoir comment les relier par un processus causal ?

Une activité qui serait simplement l'effet d'une cause extérieure – comme lorsque l'on me pousse et que je fais quelques pas sur la lancée de cette poussée avant de m'arrêter – ne semble pas correspondre à notre concept d'action. Il se pourrait alors que pour agir, il faille ne pas être déterminé par une cause extérieure. Etre à l'origine d'une séquence causale sans avoir été préalablement déterminé, c'est une des conceptions de la liberté. Dès lors l'action semble avoir une origine libre, mais le mouvement qu'elle déclenche verrait son processus déterminé, sinon nous ne pourrions développer des enquêtes de sciences expérimentales sur le mouvement en y trouvant autre chose que de simples corrélations statistiques. L'action semble alors impliquer la compatibilité de la liberté et du déterminisme, mais elle rend leurs relations énigmatiques : comment des effets déterminés peuvent-ils avoir une cause qui ne l'est pas ?

Mais cette dualité peut se rencontrer au sein même des catégories d'action. C'est du moins la thèse d'Aristote. Il distingue, on le sait, la *praxis* de la *poiésis*. Le second type d'action, la *poiésis*, parvient à un résultat qui implique l'extinction de l'action, alors même que l'action est tendue vers ce résultat et est donc accomplie en vue d'autre chose qu'elle-même. Le premier type d'action ne donne pas lieu à un produit que l'on puisse détacher de l'action. L'action s'y suffit à elle-même. Aristote donne comme exemple la vision, qui aurait son but en elle-même. Cette dualité a inspiré bien des idéologies politiques et morales, pour qui la *praxis* est forcément supérieure en valeur à la *poiésis*, et doit donc la dominer dans nos formes de vie sociale.

Aristote privilégiait la *praxis* car il se donnait pour idéal une activité auto-suffisante. Nous sommes aujourd'hui moins attirés par l'auto-suffisance, mais nous considérons toujours l'autonomie comme une qualité de l'agent. Nous souhaitons être nous-mêmes la source de nos actions. Il ne s'agit pas d'une autonomie d'énergie, mais d'une autonomie dans le choix de l'action, dans son déclenchement, dans son arrêt éventuel, dans son guidage, dans son contrôle. Cette autonomie a deux aspects : l'indépendance relative, sinon absolue, par rapport aux influences des autres humains, et la capacité de se fixer à soi-même des objectifs et des règles d'action. Elle s'oppose à deux hétéronomies : la dépendance par rapport à autrui, et l'incapacité à définir nos propres buts et à suivre des règles que nous avons soit fixées soit acceptées.

Une action, surtout si elle révèle une autonomie, implique un agent. Mais ici nous rencontrons une autre dualité : celle des processus infra-individuels (que sont les représentations, les schèmes moteurs et les mouvements), et de l'agent qui engage ces processus, les poursuit, les contrôle et donc en est responsable. Une action présuppose un agent, mais comment assurer l'unicité de l'agent si nous admettons que des processus moteurs poussés par diverses impulsions nous agitent et nous font agir ?

Cependant les réflexions sur l'action ne sont pas toutes organisées selon un schéma dualiste. Aux deux moments de l'intention et de l'exécution de l'action peut s'ajouter un troisième moment. Soit nous l'ajoutons avant la fixation de l'intention. Il s'agit alors du moment de la délibération et du choix. À vrai dire, cela amène à dédoubler la notion d'intention. La délibération présuppose en fait que nous ayons déjà soit une intention globale, soit des intentions possibles. Si nous disposons déjà de l'intention globale, la délibération porte seulement sur les moyens. Si nous envisageons plusieurs buts

possibles, chacun impliquant une intention différente, la délibération porte aussi sur le choix de tel but relativement à
d'autres. La délibération donne les éléments qui justifient tel
ou tel choix, et il nous reste à décider (entre les moyens, entre
les buts, ou sur les deux à la fois).

Soit nous ajoutons ce troisième moment entre l'intention et
l'exécution. Il s'agit alors de la volition (si nous réservons le
terme de volonté non pas pour un moment ou un acte, mais
pour une faculté). Elle nous permettrait de passer d'un simple
état mental interne (l'intention) au déclenchement de l'action,
et elle assurerait aussi que nous poursuivons bien cette action
jusqu'à son terme, et ce, éventuellement, malgré les obstacles.

Bien évidemment nous serons aussi tenté d'utiliser la
notion de volition pour rendre compte, à la fin du moment
de la délibération, du passage à la décision. Mais même une
fois prise une décision, il semble qu'il faille encore assurer le
passage à l'acte de cette décision, si bien que la volition semble
devoir se redoubler.

L'action elle-même peut être considérée comme une sorte
de troisième terme si nous développons la perspective de
la délibération. Il s'agira alors de savoir quels critères nous
permettent de décider en faveur de la réalisation de telle ou
telle intention, ou de l'utilisation de tels moyens pour satisfaire
tel désir. Si nous voulons fixer les termes de ce problème de
décision, nous allons être amené, selon Savage, à séparer trois
éléments : 1) l'ordre que nous mettons entre les besoins ou
désirs que nous voulons satisfaire, ou encore entre les degrés
de satisfaction de ces besoins ou désirs ; 2) les circonstances
externes, indépendantes de notre action et de notre volonté, qui
influent cependant sur les résultats de notre action, et donc sur
nos degrés de satisfaction ; 3) les différentes actions que nous
pouvons entreprendre, et dont le résultat dépend aussi en partie
des circonstances. Une fois établies ces distinctions, Savage

considère une action comme une fonction qui part des états du monde possibles (les différentes circonstances possibles que nous pouvons anticiper), et arrive dans les conséquences (en des termes liés aux degrés de satisfaction ou d'insatisfaction des résultats obtenus). Autrement dit, pour une circonstance donnée (pour un état du monde donné), telle action a telle conséquence que nous pouvons évaluer, et pour une autre circonstance, elle a telle autre conséquence. Une autre action, pour les mêmes circonstances, donnerait d'autres conséquences. Une action est donc une manière de transformer des circonstances en conséquences évaluables.

Une approche plus commune voit bien dans une action un mode de transformation. Mais la transformation consiste alors simplement à changer l'état du monde. L'action reviendrait donc à nous faire passer d'un état du monde à un autre. C'est là un concept d'action trop faible, puisque n'importe quel changement ferait de même, et que tous les changements, et même tous les mouvements de notre corps ne sont pas considérés comme des actions. Il faut au moins y ajouter une évaluation des résultats, avant ou pendant l'action. Si plusieurs états du monde sont possibles, il nous faut alors envisager, pour chaque état du monde, quels résultats la transformation actionnelle produit. Il nous faut ensuite évaluer le résultat de cette transformation, et nous semblons alors revenir à la notion de conséquences proposée par Savage.

Mais la seule évaluation des conséquences ne distingue toujours pas suffisamment l'action d'un simple changement. Les conséquences d'un tremblement de terre donnent aussi lieu à évaluation. Il faut encore que le choix entre différentes actions (y compris celle de ne rien faire) soit en notre pouvoir. Mais nous pourrions « choisir » sans raison, et nous lancer dans tel comportement de manière arbitraire. La question se pose alors de savoir si un comportement qui est dépourvu de raison est bien une action. Si aucune raison n'est disponible pour expliquer un mouvement d'autrui, nous ne pourrons identifier une intention, et un mouvement qui est dépourvu d'intention ne semble pas pouvoir être une action. Mais si nous disposons d'une raison, alors nous devons pouvoir aussi évaluer cette raison par rapport à d'autres raisons. Et si l'agent a eu conscience de ces différentes raisons, alors un choix qui le conduirait à agir selon la raison qu'il trouve la moins bonne – ou simplement à laquelle il ne donne pas sa préférence – semble bien être un choix qui n'en est pas un. Le choix de cette activité ne semble tout simplement pas être celui de l'agent, si bien que son activité apparaît comme un comportement qui s'impose à lui à l'encontre de ses raisons. Ce ne serait alors pas une action.

Si la théorie du choix rationnel nous suggère de considérer l'action comme une sorte d'intermédiaire ou plutôt de passage qui va des circonstances possibles aux conséquences possibles, la conception la plus commune de l'action propose elle aussi une conception à trois termes. Elle donne de l'action une vision séquentielle et linéaire. D'abord vient l'intention, puis la volition, puis l'exécution de l'action. Nous pouvons alors appeler action soit la totalité des trois termes, soit le dernier. Nous pouvons aussi développer le moment de l'intention préalable en moment de la délibération, mais nous le ferons en réappliquant un schéma trinitaire : partant soit d'une intention vague soit de plusieurs intentions envisageables, nous procèderons à une activité délibératrice de comparaison, puis nous passerons à la décision. Ici, la volition constitue le troisième terme, alors que dans la première séquence, elle constituait le second. Mais le développement du moment de l'intention reste toujours articulé avec la volition. Assurément, il arrive que nous prenions notre décision bien avant de passer à l'acte, mais si nous nous sommes réellement décidé, cela veut dire que quand les conditions propices à l'action seront réunies, notre décision aura encore force de volition.

Pourtant certaines philosophies de l'action (par exemple, celle de Davidson) refusent de donner une place à la volition. Leur but est de réduire l'action à la combinaison des croyances et des désirs. Plus généralement, il s'agit, pour les croyances, d'attitudes envers des contenus factuels, et pour les désirs, de pro-attitudes, terme qui désigne aussi bien le désir d'obtenir que le désir d'éviter. Cette conception est très inspirée par la théorie du choix rationnel, avec sa proposition de comprendre l'action comme une fonction partant des circonstances pour nous envoyer sur des conséquences. Or nous désirons – positivement ou négativement – les conséquences, et nous avons des croyances (probabilistes) vis-à-vis des circonstances possibles. Puisque l'action est une fonction des secondes dans les premières, il n'est pas besoin de supposer d'autres termes que les croyances et les désirs. La combinaison des deux nous donnerait l'action. Mais suffit-il d'avoir le désir d'obtenir un certain état et la croyance que telle suite de mouvements va nous permettre probablement d'y parvenir pour que nous agissions ?

Dans ce qui suit, nous allons réexaminer tous les problèmes que nous venons d'évoquer. Mais nous le ferons à partir d'une hypothèse et d'un ancrage. Notre ancrage, ce sont les mouvements de notre corps. Notre hypothèse, c'est que tous les concepts associés à la notion d'action se déterminent à partir de la constitution progressive d'architectures cognitives de plus en plus sophistiquées, mais qui ont toutes pour racine les mouvements de notre corps. Notre conclusion, ce sera que la plupart des théories de l'action ont oublié cet ancrage, et que de là viennent les problèmes insolubles dans lesquels elles se débattent, que ces conceptions soient prises dans les conflits des différents dualismes ou bien qu'elles aient pour but l'iden-

tification de critères de rationalité pour l'action. Nous ne prétendons pas que l'action se réduit à cet ancrage moteur, mais
seulement que bien des problèmes spéculatifs trouvent déjà
leurs solutions pratiques (certes approximatives) dans nos
activités motrices, et que le philosophe n'a pas à reconstruire
l'action *ab nihilo*.

ACTION, MOUVEMENT ET INTENTION

La mise en cause du schéma linéaire de l'action

Dans la conception la plus répandue, une action est une
suite de mouvements qui sont animés par une intention. Cette
intention a pu être formée avant l'action, et il a fallu un acte de
volonté pour passer de l'intention représentée à l'exécution de
l'action. L'action se termine quand elle a atteint le but qui
correspond à l'intention. Cette conception correspond à notre
expérience introspective, toutes les fois que nous formons une
intention consciente avant de passer à l'action. Mais nous
pouvons souvent nous trouver en train de faire un mouvement,
comme porter un verre à notre bouche, ou changer de vitesse
quand nous conduisons une voiture, alors même que nous
n'avons pas eu conscience d'avoir eu ces intentions avant
de les réaliser. Si ces mouvements cependant nous semblent
appropriés à la situation, nous n'allons pas les considérer
comme des mouvements non intentionnels, et nous admet-
trons que ce sont des actions. Il est même des mouvements que
nous n'avons pas eu conscience d'avoir accomplis, comme
fermer l'électricité ou le gaz en quittant une pièce. Si, revenant
sur nos pas, nous découvrons que la lumière ou le gaz ont bien
été éteints, nous considérerons que nous avions accompli là
des actions.

Il n'est donc pas nécessaire qu'une intention consciente
précède l'action. Il n'est même pas nécessaire que cette

intention soit consciente pendant l'action. Mais quand nous ne disposons plus du critère de la présence antécédente d'une intention pour distinguer une action d'un mouvement non intentionnel, nous pouvons nous poser la question de Wittgenstein : « Quand "je lève mon bras", que reste-t-il donc quand je soustrais le fait que mon bras se lève du fait que je lève le bras ? » [1]. On peut croire que la réponse est « mon intention de lever le bras ou bien mon vouloir ». Mais si l'intention n'a même pas été consciente, où la trouver quand le mouvement a lieu ? Il est possible d'en conclure qu'une intention ne se trouve nulle part, qu'elle fait corps avec le mouvement. Mais alors en quoi un mouvement réflexe ou un mouvement contraint (quand on me pousse) est-il différent d'une action ? Et si nous avons besoin d'une intention pour assurer la jonction entre l'intention antécédente, quand elle est consciente, et le mouvement, il y aura une intention de trop.

John Searle [2] a pensé pouvoir résoudre ce problème en distinguant l'intention préalable, que nous formons et dont nous avons conscience avant l'action, et l'intention en action, qui fait corps au présent avec l'action. Il propose alors de distinguer un mouvement non intentionnel d'une action en notant que le premier ne possède pas de condition de « sui-référentialité ». L'action a pour lui des conditions de satisfaction, dont l'une est que tel résultat soit obtenu, et l'autre est que le processus qui assure ce résultat soit réalisé par la causalité de l'intention, ou en vertu de l'intention, ce que Searle appelle une causalité sui-référentielle. Il semble que pour Searle une intention soit l'imposition sur le mouvement des conditions de satisfaction, y compris la causalité sui-référentielle. Il s'agirait

1. L. Wittgenstein, *Recherches Philosophiques*, Paris, Gallimard, 2004, § 621, p. 228.

2. J. Searle, *L'intentionnalité*, trad. fr. Pichevin, Paris, Éditions de Minuit, 1985.

donc d'une causalité qui se réfère à l'imposition de cette même causalité, ce qui risque d'être circulaire.

Nous avons donc reconnu deux formes d'action, une action précédée par une intention préalable, et une action animée par une intention en action, mais nous ne savons pas ce que peut être une intention. Il faut à la fois que l'intention préalable et l'intention en action soient la même intention, et qu'elles ne le soient pas. En effet, nous pouvons très bien former une intention préalable tout à fait déterminée (de faire un voyage en Égypte, par exemple) et au dernier moment, ne pas réaliser cette intention. Davidson a reconnu ce problème, en voyant dans l'intention séparée de l'action un jugement « all out » (tout ayant été considéré, nous brûlons nos vaisseaux), qui peut cependant ne pas être suivi d'action parce qu'un jugement déclenche des inférences, mais pas forcément des mouvements. Et nous ne voyons ni comment une intention préalable qui n'est pas par elle-même capable de réaliser l'action pourrait un jour la déclencher, ni comment, quand une action a lieu sans intention préalable, elle devrait activer aussi une intention qui, si elle est du même type que l'intention préalable, n'aurait pas en elle-même de rôle causal assuré, et serait alors superflue.

Mais ces impasses, à notre sens, tiennent à ce que cette théorie séquentielle de l'action prend les choses à l'envers. L'intention n'est pas le commencement de nos actions, c'en est le résultat. Plus exactement, la genèse commune de notre motricité et de notre cognition (perception, imagination, affectivité et raisonnement) élabore progressivement une architecture cognitive et motrice qui nous permet d'avoir des intentions. Il faut déjà que les dispositifs cognitifs et moteurs qui nous permettent de déclencher des mouvements adaptés soient très sophistiqués pour que nous puissions entretenir des intentions en action, et il faut encore plus de sophistication pour que nous puissions entretenir des intentions préalables. Il y a donc bien des différences entre les intentions en action et les intentions préalables, et les intentions préalables exigent pour être formées de posséder non seulement les capacités nécessaires à la formation d'intentions en action, mais aussi des capacités supplémentaires. Si les intentions préalables exigent des capacités qui incluent celles des intentions en action, alors normalement nous devons aisément pouvoir passer des intentions préalables aux intentions en action. Et quand nous ne le faisons pas, ce n'est pas parce qu'il manquera quelque chose à l'intention préalable, mais parce que sa capacité supplémentaire est entre autre de pouvoir faire abstraction de certaines conditions, dont celles nécessaires au déclenchement de l'action.

Nous avons critiqué la conception linéaire de l'action, qui va de l'intention antécédente vers l'action conséquente, mais nous pouvons aussi critiquer la conception rétrospective ou plutôt réflexive de l'action, proposée par Frankfurt. Une action est pour lui un mouvement dont l'agent a le contrôle et qu'il est capable d'évaluer pendant l'action. Et Taylor a ensuite insisté sur l'idée que seuls les humains sont capables d'évaluer non seulement leurs actions, mais les désirs et les croyances instrumentales qui les contrôlent relativement au genre de personne qu'ils veulent être (ce seraient là des désirs d'ordre supérieur). Notons que l'évaluation n'implique pas l'action, puisque nous pouvons évaluer des situations subies. Mais nous n'avons pas les moyens d'évaluer si nous ne disposons pas de possibilités de comparaison. Et pour pouvoir comparer non pas des situations subies mais des actions possibles, il nous faut disposer d'une vaste gamme de mouvements variés, ce qui à notre sens est une condition des intentions. Tant que nous n'avons pas de points de comparaison, la notion de désir d'ordre supérieur n'a tout simplement pas de contenu qui puisse déclencher une action.

Nous allons donc étudier les différentes capacités dont la genèse et la mise en place sont nécessaires aux différents niveaux de l'action. Mais nous montrerons aussi que nous retrouvons les traces de ces différents niveaux génétiques dans notre expérience phénoménale de l'action, dans l'expérience par laquelle l'action se présente à son agent. Nous développerons un parallèle entre les étapes génétiques de mise en place de ces capacités et les niveaux de l'auto-présentation de l'action à son agent.

Ce que nous allons ici faire comme différences entre ces étapes et niveaux est assez proche des distinctions proposées par Elisabeth Pacherie dans différents articles et dans son livre en cours, *Action in Mind* [1]. Elle distingue entre une intention F (comme futur), une intention P (comme présent) et une intention M (comme motrice). Cependant, elle ne se démarque pas autant que nous de la conception linéaire de l'action. En effet, on peut penser que l'intention F est une intention préalable qui anticipe une action future, et que l'intention présente est l'intention dans l'action en cours d'exécution. Nous retrouverions donc simplement ici le schéma de Searle. L'intention motrice, si elle est comprise à partir de ce schéma, risquerait alors d'être tenue pour le niveau moteur de l'intention, une sorte de niveau sous-jacent à l'exécution de l'action, de basses œuvres de l'action.

Ce n'est évidemment pas dans ce sens que Pacherie l'analyse. Elle prend plutôt appui sur les idées de Jeannerod, pour qui nous avons de nos actions une représentation qui n'est pas active sous un format sémantique (indiquant ce qu'est l'action, quelles conditions elle satisfait) mais sous un format moteur ou pragmatique, qui indique comment agir, qui pro-

---

1. E. Pacherie, « La dynamique des intentions », *Dialogue*, XLII, 3, 2003, p. 447-480 ; E. Pacherie et M. Jeannerod, « Agency, simulation and self-identification », *Mind and Language*, 19, 2, 2004, p. 114-146.

pose un savoir faire de l'action. Ainsi quand nous voyons une poignée de porte cela active en nous un schème moteur qui consiste à tourner cette poignée et à tirer la poignée et la porte vers nous. L'intention « que la porte soit ouverte » ne nous dit pas ce que l'agent fait pour que ce soit le cas, alors que l'intention de tourner la poignée et de tirer la porte vers nous anticipe déjà l'exécution du mouvement.

Mais cette distinction entre représentation pragmatique et représentation sémantique ne nous dit pas comment les deux pourraient s'articuler. La présentation qu'en donne Jeannerod reste compatible avec le schéma linéaire. L'intention est activée avant l'action, même si elle lance l'action. Le renversement du schéma linéaire qui fait se succéder intention, volition et exécution n'a pas été accompli. L'intention F peut toujours correspondre à l'intention classique, la volition à l'intention en action et l'exécution à l'intention motrice. Or tant que ce renversement n'aura pas été assuré, tous les faux problèmes de la théorie de l'action pourront resurgir.

D'ailleurs il ne suffit pas de renverser l'ordre de ce schéma linéaire, il faut aussi remettre en cause la linéarité même du schéma. Ce que l'analyse de la constitution des capacités nécessaires à l'action va nous montrer, c'est que les architectures qui sont en cause ne sont pas des séquences linéaires. Elles comportent au contraire des ramifications et arborescences, puisqu'il faut constituer un riche réservoir de variations possibles, aussi bien vers le futur de l'action que vers ses pré-conditions. Et il faut s'assurer que si des déviations du mouvement ont eu lieu, d'autres mouvements vont pouvoir revenir dans le lit des chemins plus normaux, et enfin s'assurer que ces variations, développements et reconnexions partagent des points de passage communs où toutes les réalisations motrices seront similaires, et qui permettent de retrouver les mêmes potentialités de développement pour la suite. À une

séquence linéaire se substituent des réseaux de reconnexion
entre deux arborescences en aval et en amont, selon une dynamique de l'action qui réenrichit et reconstitue ses propres
bases au fur et à mesure qu'elle se développe. C'est seulement
en bouleversant ainsi nos schémas mentaux que nous pourrons
découvrir que la plupart des problèmes des théories de l'action
contemporaines résultent simplement d'un schéma de représentation inadéquat.

La constitution génétique des capacités intentionnelles

Quels sont les constituants de base du type d'action le plus
simple possible ? Il nous faut une cible perçue, une motivation
et un type de mouvement. Nous parlons ici de cible et non pas
de but. Le but est la cible, mais vue comme à atteindre par le
mouvement, cette atteinte étant elle-même saisie comme satisfaisant la motivation. Par exemple nous voyons un fruit comme
à manger. Les mouvements sont de le saisir et de le porter
à notre bouche. Le fruit est donc « à saisir et à porter à notre
bouche », et ce « fruit à saisir … etc. » est lui-même « à manger ».
Cependant, un type de mouvement peut aussi constituer une
motivation en lui-même. Ainsi marcher ou s'étirer peut constituer une motivation. La cible est alors soit la trajectoire de la
marche, soit le degré d'étirement qui nous donnera une sensa-
tion de relaxation ou de liberté dans nos mouvements. Nous
n'avons plus affaire à une séquence linéaire, mais à une sorte
de fonctionnelle, une fonction de fonction, qui constitue à
prendre pour argument une fonction emboîtée. Nous allons
voir que cette fonction emboîtée est déterminée par un processus récursif qui exige de passer d'abord par la fonctionnelle
emboîtante pour revenir sur la fonction emboîtée. L'argument
de la fonction emboîtée, c'est la cible. La fonction qui s'y
applique, c'est le type de mouvement : (mouvement (cible)).
Cette fonction est elle-même l'argument d'une fonction supé-

rieure, la motivation : (motivation (mouvement (cible))). Mais nous avons ici une structure récursive complexe : bien que le mouvement soit la fonction qui s'applique à la cible (saisir le fruit), le type de mouvement ne peut pas être déterminé tant que nous ne connaissons pas la motivation. En effet, quand nous saisissons une tasse pour en boire le contenu, nos doigts la serrent de côté, alors que quand nous la saisissons pour la ranger, nous pouvons la prendre par-dessus, ce qui nous empêcherait évidemment de boire son contenu. Une fois identifiée la fonctionnelle qu'est la motivation, nous revenons sur le mouvement et nous pouvons fixer son type. Cette structure explique qu'inversement nous puissions être attirés par une poignée de porte qui nous appelle à la tourner et que cela puisse entraîner une motivation à ouvrir la porte, alors que nous n'avions pas pensé à le faire tant que nous n'avions pas vu la poignée. La valeur de sortie de notre fonctionnelle est donc : cette cible comme attirant ce mouvement selon cette motivation. « Attirant » veut ici dire : qualifiée de manière motrice comme point d'arrivée du mouvement. Une telle fonctionnelle rend compte de l'expérience phénoménale finaliste de notre action dans des termes qui ne sont pas finalistes.

Nous avons donc une structure par emboîtements et un processus de détermination récursif qui doit revenir sur un paramètre resté inconnu. Mais il se peut que la posture de notre corps ne soit pas optimale pour accomplir ce mouvement. Si nous sommes assis, il nous faut nous lever, puis aller vers la porte pour tourner sa poignée. La détermination d'un mouvement futur nous amène donc à réarranger notre posture actuelle de manière non seulement à ce que le mouvement soit possible, mais à ce qu'il ne nous oblige pas à des contorsions pénibles. Pour pouvoir accomplir une action de manière à satisfaire notre motivation, nous devons donc non seulement déterminer notre mouvement en fonction de cette motivation et de sa cible, mais nous devons aussi disposer d'un répertoire varié de réarrangements de nos postures, pour les réorienter vers les mouvements qui nous demandent le moins d'effort. En effet si nous n'étions capables de déclencher le mouvement motivé que dans une certaine posture, nous serions réduits à la situation d'un crapaud qui devrait sans bouger attendre qu'une mouche vienne se placer exactement dans la zone de préhension de sa langue. Une telle activité est à peine une action. Mais alors une véritable action doit impliquer en son amont une vaste arborescence de possibles réarrangements de posture.

Une fois associé à notre fonction (motivation (mouvement (cible))) un répertoire de réarrangements, nous disposons déjà d'un premier niveau d'action. Il ne faut pas en conclure que nous avons là épuisé les possibilités d'intervention des intentions motrices (les intentions M de Pacherie), car elles pourront aussi bien être présentes à d'autres niveaux, et y présenter davantage de complexité. En revanche, nous n'avons pas encore d'intention F, ni même d'intention P, parce qu'il nous manque encore des capacités d'ajustements en cours d'action.

Les actions ne consistent généralement pas en un seul mouvement, mais en une suite de mouvements qui amènent éventuellement à déplacer des objets de l'environnement. L'action elle-même modifie l'environnement. Cela a donné lieu à une des formes du « framing problem » en Intelligence Artificielle. Si un robot doit déplacer des chaises pour se mouvoir d'un bout à l'autre d'une pièce, il faut qu'au retour il modifie sa carte de la position des objets dans la pièce, s'il ne veut pas continuer à supposer que les chaises étaient à leur place initiale, ce qui l'amènerait à buter dans les chaises déplacées. Nous voyons alors que non seulement une action exige de disposer d'un vaste répertoire de réarrangements vers l'amont, mais qu'elle exige aussi de disposer d'un vaste répertoire d'ajustements ou de mises à jour, qui sont des liens entre les mouvements présents et les mouvements futurs (entre le parcours de la pièce dans un sens, en déplaçant les chaises, et le parcours futur de retour).

La plupart des mises à jour sont complètement incons-cientes. Ainsi, pour lancer un mouvement de mon bras, il faut vaincre son inertie. Mais une fois que je l'ai lancé, si je veux que ce mouvement s'arrête pour que la pince de ma main saisisse un objet, il faut que je puisse m'opposer au mouve-ment inertiel qui ferait que mon bras continuerait sur sa lancée. Il me faut donc le freiner. C'est là une mise à jour inconsciente.

Les théoriciens qui ont tenté de modéliser les mouvements d'une action pour des programmes robotiques ont bien saisi ces deux éléments de l'action, le réarrangement vers l'amont du mouvement, et la mise à jour du présent du mouvement vers son aval. La première opération consiste à résoudre le pro-blème dit du « modèle inverse ». Étant donné la position finale souhaitée pour le mouvement, comment régressivement déter-miner les étapes de ce mouvement jusqu'à retrouver notre posture actuelle, en limitant les efforts et en satisfaisant les contraintes de notre corps. La seconde opération implique un modèle « forward ». Une fois la cible et le type de mouvement et de motivation déterminés, nous pouvons anticiper (incons-ciemment) ce que devraient être les réafférences, donc les informations en retour sur nos mouvements en cours d'action. Tant que les réafférences réelles (informations de type kines-thésique, tension des muscles, effort fourni, poids ressenti, pression exercée sur l'objet; ou bien proprioceptif, position des membres) ne sont pas en conflit avec les réafférences anti-cipées, nous pouvons poursuivre le mouvement, ce qui fait que nous n'avons pas à attendre que les informations réafférentes soient fournies à notre perception pour les donner comme nouveaux paramètres pour l'action en cours. L'absence de conflit permet de poursuivre l'action selon la programmation qui a été lancée. C'est seulement en cas de conflit que l'on procède à une réinitialisation partielle des paramètres. Ainsi nous sommes debout et nous nous lançons vers l'avant pour saisir un objet. Supposons que nous ayons anticipé (inconsciemment) qu'un seul pas en avant serait suffisant pour retrouver notre équilibre. Il se révèle que ce n'est pas suffisant. Dès que nous ressentons ce commencement de déséquilibre, nous rajoutons un pas en avant pour suivre le mouvement de notre bras et restaurer l'équilibre.

Mais là encore, il ne suffit pas de lancer un programme, pour disposer d'une capacité d'action qui mérite ce titre. Il faut pouvoir anticiper une variété de réafférences et de réajustements partiels qui leur répondent. Là encore, au lieu d'un schéma linéaire, nous avons non seulement une arborescence de possibles variations, mais davantage, un réseau qui permet des reconnexions de ces variations avec les mouvements qui assurent l'atteinte de la cible de manière à pouvoir satisfaire la motivation.

Nous voyons donc qu'une action, même fort simple (saisir une tasse, un fruit, ouvrir une porte) implique deux capacités inverses : celle de multiplier les variations, tant vers l'amont, par des réarrangements, que vers l'aval de l'action en cours, par des mises à jour possibles ; celle de pouvoir faire converger ces variations sinon vers les mêmes gestes terminaux, du moins vers une classe restreinte de gestes, similaires en ce qu'ils satisfont une propriété nécessaire à l'accomplissement de l'action. L'action suppose un double processus de constitution de possibles variés et de maintien de ces variations dans une enveloppe qui satisfait les conditions de réalisation du but. Ainsi pour saisir une tasse dont nous voulons boire le contenu, nous pouvons la prendre avec deux doigts, ou avec les doigts et la paume, nous pouvons l'enserrer circulairement ou saisir seulement son anse, mais nous ne pouvons pas la prendre par le dessus, ou la tenir autrement que proche de la verticale. Il nous sera possible de la tenir par en dessous, mais seulement une fois que nous l'aurons soulevée de la table, ce qui exige d'abord de l'avoir enserrée latéralement. Ces contraintes définissent une classe de mouvements dont la variété reste limitée, alors que les réarrangements de posture, ou les variations de la position de la main qui va saisir la tasse peuvent être très diverses, pourvu que la main arrive finalement à former une pince latérale.

Quand les mises à jour complètent les réarrangements, nous atteignons un deuxième niveau de l'action, celui d'une intention P, c'est-à-dire d'une intention qui gère le déroulement des mouvements en cours d'action. Mais nous ne disposons pas encore des capacités nécessaires à la constitution d'une intention F, une intention qui peut être évoquée soit pendant soit préalablement à l'action.

Pour avoir ces capacités, il nous faut d'abord développer ce pouvoir de construire un réseau qui permette, en cas de déviations des mouvements, de revenir par des corrections de nos mouvements dans la classe de similarité des activités qui satisfont les contraintes de réussite de l'action. Nous pouvons avoir pour cela à changer de type de mouvement. Nous passons alors des mises à jour ou des ajustements à de véritables révisions de nos mouvements. Mais là encore, nous devons satisfaire le principe de reconnexion. Nos nouveaux mouvements doivent pouvoir nous ramener à l'intérieur de cet entonnoir de convergence qui satisfait les contraintes nécessaires à la réussite de l'action.

Cela exige de changer notre réseau de nature. Au lieu que les déviations soient de simples modifications de paramètres, il s'agit maintenant de changer la liste même des paramètres, les réafférences anticipées et les modes de comparaison. Par exemple, nous nous penchons pour soulever un carton, mais nous découvrons qu'il est très lourd, et cependant facile à déchirer. Il nous faut alors, au lieu de saisir le carton par le dessus et en nous penchant, plier les genoux de manière à pouvoir le saisir par-dessous et faire passer le poids sur nos cuisses pour ensuite nous relever. Nous aurons toujours soulevé le carton pour le déplacer, mais nous aurons lancé de tout autres mouvements. Le réseau raccorde entre eux plusieurs types de mouvement, les nouveaux mouvements permettant des corrections des échecs des précédents.

Or il nous suffit de généraliser cette capacité d'extension du réseau à d'autres types de mouvements, et de disposer d'une faculté d'imagination et de comparaison, pour pouvoir commencer à élaborer des plans d'action, qui sont évidemment les exemples les plus convaincants d'intentions préalables. En effet, pour construire un plan, il faut que nous puissions non seulement imaginer une action future, mais aussi des obstacles possibles à cette action. Puis nous imaginerons des moyens de contourner ces obstacles ou de les surmonter en lançant de nouvelles activités, qui ont recours à de tout autres mouvements, mais qui nous permettront tout de même de nous reconnecter sur l'entonnoir de convergence des activités qui satisfont nos contraintes de but[1]. Nous pouvons réappliquer récursivement cette tactique. Nous pouvons imposer à des activités intermédiaires de réserver la possibilité d'activités futures, en exigeant qu'elles puissent ensuite se reconnecter avec cet entonnoir de convergence.

Pour constituer une intention préalable, il nous faut avoir développé cette genèse d'un réseau complexe de capacités

---

1. À ce niveau de complexité, nous sommes capables de lancer inconsciemment en parallèle plusieurs simulations de l'action pour exécuter celle qui sera optimale. C'est la thèse d'Alain Berthoz dans *Le sens du Mouvement*, Paris, Odile Jacob, 1994.

motrices, puis l'avoir en quelque sorte prise à rebours, en partant du faisceau des conditions de succès, qui s'est peu à peu stabilisé au fur et à mesure que nous avons testé différents chemins pour parvenir à nos buts. Dans le cas le plus simple, nous ne faisons pas de plan, nous nous ramenons à cet entonnoir de convergence lié aux conditions de succès, à ce passage obligé de tous les mouvements orientés vers tel but. Au moment où nous l'évoquons, ce passage obligé n'est peut-être pas accessible. Les conditions de l'environnement ne permettent pas le lancement de mouvements adéquats, et nous n'avons pas les moyens de modifier notre environnement de manière à ce que cela devienne possible. Il nous faut attendre que l'environnement change. Mais alors, la cible étant présente, si la motivation l'est aussi, et si une autre activité ne joue pas un rôle inhibiteur, les mouvements de réarrangements de posture et les mouvements qui vont pouvoir rentrer dans le passage obligé évoqué sont lancés.

L'efficacité de l'intention préalable tient donc à ce qu'elle résulte d'une élaboration qui a épuré les conditions propres à ce passage obligé d'une action, ce que nous pouvons appeler son noyau. Cette élaboration consiste en quelque sorte à mettre en suspension tout ce qui n'est pas ce noyau. Mais cela n'est possible que si nous disposons de bien autre chose que ce noyau, si nous avons des variétés de réarrangements, de mises à jour et de révisions qui sont suffisamment riches pour que nous puissions raisonnablement compter que dans une situation qui présente la cible et qui suscite notre motivation, nous pourrons toujours compléter ce noyau par les réarrangements, mises à jour et révisions spécifiques à la situation locale. Autrement dit l'intention préalable résulte d'une abstraction qui est l'envers de la constitution d'un très riche répertoire de variations. L'intention préalable n'a en revanche pas besoin de constituer de toutes pièces l'intention motrice à partir des conditions nécessaires au succès de l'action. Les intentions motrices sont déjà disponibles, dans leur variété comme dans leur reconvergence vers le noyau de l'action. Il suffit que la situation présente les conditions nécessaires au déclenchement de l'action, et que la motivation soit toujours présente, pour que les intentions motrices s'activent, complétant ainsi l'intention préalable.

Nous voyons aussi que l'intention « préalable » peut fort bien accompagner l'action en cours. Le noyau de l'action est forcément activé pendant l'action, mais il est alors complété par les intentions motrices, qui sont elles-mêmes actualisées par les paramètres propres à cette situation particulière. La différence entre une intention en action et une intention préalable n'est donc souvent pas une différence de contenu. C'est une différence de variété du répertoire, et, quand l'intention est évoquée avant l'action, une différence de situation. L'intention préalable est imaginée sans pouvoir être mise en action quand les conditions nécessaires ne sont pas réunies, au contraire de l'intention en action. L'intention préalable présuppose une vaste gamme d'activités motrices, mais quand elle est évoquée avant l'action, elle ne peut pas mettre en œuvre les intentions motrices qui animeront certaines de ces activités quand le temps de l'action se présentera.

Cependant, nous utilisons aussi la notion d'intention préalable pour des intentions qui sont bien plus générales. Supposons que j'aie l'intention de lier des rapports amoureux. Mais je n'ai pas encore rencontré celle que je pourrais vouloir choisir comme partenaire, et je n'ai même aucune idée des démarches à accomplir pour obtenir de tels rapports. Je peux tout de même avoir l'intention de lier des rapports amoureux. Aucun noyau précis d'activité ne correspond à cette intention. Je ne sais pas quelles activités motrices il me faudra mobiliser avant de parvenir à mes fins. Supposons que je me trouve en face de celle qui répondrait parfaitement à mes désirs. Je pourrais pourtant ne rien faire, parce que je n'aurai pas songé à raccorder des activités motrices dont je dispose pourtant par ailleurs – je sais prendre contact avec une femme, mais pour d'autres motifs – au but que je poursuis. Le réseau de reconnexions ne serait pas disponible. Mais nous dirons alors que mon intention de lier des rapports amoureux n'est pas encore une intention d'action. C'est simplement un désir de rapports amoureux.

Mais cette approche de l'action à partir de la motricité permet-elle de comprendre des actions institutionnelles, comme « se marier » ? Là aussi, nous allons rencontrer des réarrangements nécessaires, des mises à jour, des révisions, et un noyau de conduites convergentes. Ce noyau est fixé par convention dans une société donnée (telles paroles doivent être prononcées, devant telle autorité, tels gestes accomplis). Mais de plus ce noyau est pris dans un réseau qui assure des reconnexions avec des actions de révision (déclaration des enfants, divorce, etc.) qui ont leurs propres noyaux. C'est en cela qu'il est institutionnel : les révisions sont devenues des actions reconnues comme telles, et qui donnent son sens social au mariage. Certaines révisions sont par là devenues impossibles : l'annulation du mariage sans procédure de révision elle-même codifiée. En revanche, l'action institutionnelle ne gère que ce qui est nécessaire pour bloquer certaines révisions et pour en déclencher d'autres. Elle ne gère pas les réarrangements des habitudes culinaires des époux, leurs ajustements réciproques, etc. Ainsi, les actions institutionnelles sont des séquences de mouvements (paroles et gestes) qui ne mettent en saillance que les articulations de révisions propres à un réseau clos de révisions. Bien évidemment, les pratiques sociales pourront changer, mais alors il faudra reconstituer un autre réseau clos. Les actions institutionnelles mettent en scène les intentions du type des intentions préalables, en laissant en suspens toute intention motrice qui n'est pas conventionnellement la manifestation de ce réseau d'intentions schématisées.

Nous avons ainsi décrit les différents niveaux de capacités actionnelles qu'il nous faut constituer au cours de notre développement et de nos apprentissages pour que nous soyons capables d'actions satisfaisant une intention, puis d'intentions qui guident notre action, et enfin d'intentions qui contrôlent et corrigent notre action, tout en nous permettant d'évoquer des intentions préalables. Dans le présent de l'action, ces différents niveaux de capacité correspondent à différentes étapes du processus qui nous permet de nous présenter notre action à nous-mêmes. Ce qui éveille le plus facilement notre conscience, c'est évidemment la cible de notre action dans son lien avec notre motivation. Le type de mouvement, lui, peut rester implicite. Nous n'avons pas non plus facilement conscience des mises à jour en cours d'action. Nous en avons une conscience indirecte, parce que si ces mises à jour sont réussies, notre action restera fluide et continue, même si elle présente des ajustements et de légères déviations. En revanche nous avons conscience des révisions qui nous obligent, pour poursuivre le même but, à nous lancer dans des activités motrices différentes de celles déjà lancées. Une fois que nous avons assuré des mises à jour et des révisions, nous avons contrôlé l'action, et nous nous sentons donc auteurs de cette action.

Plusieurs expériences nous permettent de montrer que notre expérience phénoménale de l'action comporte bien ces différences. L'une d'elles, proposée par Fourneret et Jeannerod[1], consiste à masquer à la vision directe des sujets

---

1. P. Fourneret and M. Jeannerod, «Limited conscious monitoring of motor performance in normal subjects», *Neuropsychologia*, 36, 1998, p. 1133-1140.

le mouvement de leur main, alors qu'ils voient la trajectoire d'une ligne qu'elle dessine sur un écran. La tâche consiste à dessiner une ligne qui atteigne un point en haut de l'écran. En fait le programme opère à un moment une déviation apparente de la ligne. Les sujets corrigent donc par une déviation en sens inverse. Mais quand on leur demande de refaire, en voyant leur main, le même mouvement que précédemment, ils tracent une ligne qui va directement vers la cible, sans dévier.

Les sujets sont donc d'abord conscients de la cible. Si la ligne qu'ils dessinent l'atteint, tout va bien. Certes, ils reçoivent des réafférences qui leur indiquent des déviations du mouvement de leur main. Mais ces déviations ne sortent pas du noyau de succès de l'action, à savoir que la ligne atteint la cible. Ils considèrent donc ces déviations comme des mises à jour marginales, et non comme des révisions. Quand ils refont l'action en voyant leur main, les déviations qu'ils ont faites auparavant leur apparaîtraient comme des révisions et non des ajustements. Ils les éliminent donc.

Ce résultat n'est donc pas dû à une dominance de la vision sur les informations proprioceptives. On peut vérifier cette hypothèse en recourant à l'expérience de Varraine, Bonnard et Pailhous [1]. Les sujets marchent sur un tapis roulant qui résiste à leur avancement. On peut faire croître cette résistance. Les sujets ont pour consigne soit de maintenir leur vitesse soit de maintenir leur rythme de marche. Comme les sujets restent sur le tapis, aucun défilement du paysage ne leur indique leur vitesse. On pourrait donc croire qu'ils vont prendre comme repère leur rythme. On leur demande d'accomplir en même temps une seconde tâche, qui est d'appuyer sur un bouton quand ils ressentent un accroissement significatif de la résistance du

1. E. Varraine, M. Bonnard and J. Pailhous, « Intentional on line adaptation of stride length in human walking », *Experimental Brain Research*, vol. 130, n°2, January 2000, p. 248-257.

tapis. Dans les deux situations (vitesse ou rythme) les sujets mettent six secondes à détecter consciemment une résistance significative. Quand ils ont pour consigne de maintenir leur vitesse, ils le font en accélérant leur rythme, et ils considèrent alors cette accélération comme un ajustement. Il faut que l'amplitude de l'ajustement dépasse un seuil élevé pour qu'ils le saisissent comme une révision et donc comme le signal d'une résistance sensible. Cela montre bien que même si dans ces conditions le rythme des pas pourrait être l'information dominante, celle qui donne le plus d'informations, il suffit que la tâche lui assigne d'abord une fonction d'ajustement pour que le sujet y soit beaucoup moins sensible.

Maintenant que nous avons établi les niveaux de genèse des capacités nécessaires à l'action, et ce à partir des conditions de base de la perception et de l'activité motrice, et que nous avons montré que les différences entre ces niveaux laissent leur empreinte sur les variations phénoménales de la manière dont l'action apparaît à notre conscience, nous disposons d'une description et d'une structuration de l'action éprouvée. Elle nous amène d'une part à renverser le sens de la séquence linéaire attachée à la conception classique de l'action, et d'autre part à immerger le noyau de toute action dans de riches arborescences et réseaux de variations possibles des activités motrices.

Ce renversement et cette immersion nous permettent-ils de sortir des impasses propres aux théories de l'action qui dépendent encore de la perspective classique ?

Causes et raisons

À la suite de la question de Wittgenstein, Elisabeth Anscombe a réfléchi sur l'intention. Elle propose deux critères d'une action intentionnelle. 1) Nous n'avons pas besoin d'observer nos mouvements pour savoir que nous agissons, que ces mouvements sont intentionnels. Notre expérience d'un mouvement intentionnel est donc sans observation. Or d'après nos précédentes analyses, nous pouvons définir un savoir obtenu par observation comme une perception qui est ouverte à la révision de la catégorisation conceptuelle de ses informations. Nous ne pouvons atteindre ce niveau de perception, dans le domaine de l'activité motrice, qu'au troisième stade de notre genèse, quand nous prenons conscience des révisions que nous opérons. Les deux premiers stades ne peuvent donc produire qu'un savoir sans observation. Le critère d'Anscombe est donc valide pour toutes ces couches de l'action qui ne dépassent pas les deux premiers stades. Il semble que ce critère propose une interprétation compatible avec la question de Wittgenstein : « qu'est-ce qui reste de mon action de lever le bras quand j'enlève le mouvement que mon bras aille vers le haut ? ». Pour Wittgenstein, il semble que les réponses à cette question ne peuvent être qu'absurdes. En effet, soit elles vont rechercher des données factuelles qui porteraient sur des sensations internes (par exemple les sensations kinesthésiques déclenchées par le mouvement, mais ce serait impossible de reproduire une action simplement en imaginant ces sensations : *Remarques sur la Philosophie de la Psychologie*, § 389 [1]), soit elles vont introduire des entités que personne ne peut observer, comme une intention ou un vouloir. La solution d'Anscombe [2] consiste justement à dire que l'intention est inobservable, mais qu'elle est l'objet d'un savoir sans observation. Mais cette solution risque de produire des confusions, parce qu'on pourrait s'imaginer que nous avons un accès à une entité séparée que serait l'intention, et ce

---

1. L. Wittgenstein, *Remarques sur la Philosophie de la psychologie I*, Mauvezin, T.E.R., 1989, p. 96.

2. G.E.M. Anscombe, *L'intention*, trad. fr. Maurice et Michon, Paris, Gallimard, 2002.

par un savoir sans observation, ce qui n'est pas ce que veut dire Anscombe.

2) L'intention d'une action est finalement ce qui répond à la question « pourquoi faites vous cela ? ». « Pourquoi » veut dire : pour quelle raison. Mais alors, pouvons nous encore considérer l'intention comme causant l'action ? L'intention peut elle être à la fois la raison, la justification de l'action, et sa cause. Melden a soutenu que non [1], puisqu'une relation causale relie deux événements qui doivent être logiquement indépendants. Si l'un est la conséquence logique de l'autre, il est impliqué par l'autre et donc déjà présent, si bien qu'il ne peut être son effet. Or si le rapport d'une action à son intention est celui d'une conséquence à sa raison, il s'agit d'un rapport logique, ce qui exclurait donc un rapport causal. C'est évidemment gênant pour la perspective classique, puisque alors l'intention préalable ne peut plus être la cause de l'action.

Davidson [2] a trouvé un moyen économe de se tirer de ce mauvais pas. Le rapport entre l'intention et l'action n'est pas celui d'une conséquence logique, entendue de manière stricte. De mon intention d'allumer la lumière, il ne s'en suit pas logiquement que j'allume la lumière. L'implication converse n'est pas non plus valide : de ce que j'ai allumé la lumière, il ne s'en suit pas que j'avais l'intention d'allumer la lumière. Certes, mais l'argument de Melden ne portait pas sur une implication stricte. Il disait simplement qu'une justification ne fonctionne pas comme une cause. En principe, une justification est orientée rétrospectivement. Une fois telle action accomplie, on remonte à sa justification. Et ce que nous appelons raison de l'action, quand elle est dirigée vers le futur, c'est une justification que nous anticipons (nous avons une visée

1. A.I. Melden, *Free Action*, Routledge and Kegan Paul, 1961.
2. D. Davidson, *Actions et Événements*, trad. fr. P. Engel, Paris, PUF, 1993, p. 19.

prospective d'une rétrospection). Une cause, en revanche, fonctionne du présent qui va passer vers le présent qui va venir.

Davidson a cependant un argument plus décisif. Certes, pour identifier un mouvement comme une action, nous avons besoin de redécrire ce mouvement comme lié à une intention. Et cette redescription semble passer du domaine des causes physiques à celui des raisons. Mais en fait, dit Davidson, il est tout aussi usuel de redécrire un événement ou un état dans les termes de sa cause. Je peux redécrire « cet homme est atteint » en « cet homme est brûlé » [1].

Mais si l'intention est une cause, nous ne disposons pas de lois causales qui relient l'événement intention et l'événement action. Davidson fait confiance alors à la notion de survenance de l'intention comme de l'action sur des événements physiques (par exemple certains événements cérébraux et d'autres à la fois cérébraux et musculaires). Mais il admet que peut-être nous ne pourrons trouver de lois. Il lui suffit alors de recourir à une notion plus faible de cause, qui relie deux événements singuliers, mais les range dans une classe de liaisons entre événements similaires. Au total, Davidson a pu maintenir l'hypothèse que les raisons (les intentions) peuvent être des causes non pas, comme on aurait pu le penser, en renforçant la notion de raison pour pouvoir lui conférer un pouvoir causal, mais en *affaiblissant* cette notion pour montrer qu'elle n'a pas l'action pour conséquence logique, et en affaiblissant la notion de cause pour reconnaître que des lois psychologiques liant telle intention à telle action sont hors de portée.

Mais en procédant à ces affaiblissements, Davidson a dû reconnaître qu'il créait d'autres problèmes. Si une raison est une cause, alors meilleure est la raison, plus efficiente devrait être la cause. Pourtant il nous arrive assez souvent de reconnaître qu'une intention est rationnellement préférable à une

---

1. D. Davidson, *Actions et Événements*, p. 24.

autre, et d'agir selon la moins bonne raison (nous reviendrons sur ce problème dans notre commentaire d'Aristote). Et si nos intentions sont des causes, alors quand nous agissons et que notre action remplit les conditions de satisfaction de l'intention, nous ne devrions plus rencontrer de problèmes. Or Davidson à la suite de Bennett a dû reconnaître qu'il existe des chemins causaux déviants entre l'intention et l'action[1]. La déviance peut intervenir vers l'aval de la réalisation de l'intention. L'histoire est par exemple celle d'un neveu qui veut tuer son oncle en l'écrasant avec sa voiture dans une rue où il sait que l'oncle se promène à telle heure. Mais il est en retard sur son programme, doit conduire trop vite et sans regarder, et en arrivant dans la rue écrase un piéton qu'il n'a pas vu et qui se trouve en fait être son oncle. Nous ne souhaitons pas dire que cette action est pleinement intentionnelle, alors qu'elle satisfait les conditions indiquées par l'intention initiale (tuer son oncle en l'écrasant). Cette déviance peut intervenir aussi vers l'amont de la réalisation de l'action. Davidson donne l'exemple de ce grimpeur dont le compagnon est tombé du côté surplombant d'une crête, qui se sent entraîné vers le vide par la corde qu'il tient en main (il n'est cependant plus attaché parce qu'il venait de se décorder), et qui laisse glisser la corde non pas parce qu'il veut le faire, mais parce que cette situation le rend nerveux et incapable de contrôler sa prise sur la corde.

Nous avons défini l'ensemble de capacités nécessaire à la formation d'une action intentionnelle comme une fonctionnelle : (motivation (mouvement (cible)), qui détermine la cible comme attirant tel type de mouvement (ou comme qualifiée de manière motrice par ce type de mouvement), l'atteinte de la cible par ce mouvement satisfaisant telle motivation, le mouvement ne pouvant être déterminé qu'après avoir défini la motivation. La perception de la cible, l'existence d'une moti-

---

1. D. Davidson, *Actions et Événements*, p. 115.

vation, la fonctionnelle qui détermine le mouvement en fonction de la cible et de la motivation, puis la cible comme « à atteindre » par le mouvement, tous ces éléments peuvent être considérés comme des causes. Ils ont évidemment des réalisations physiques dans le fonctionnement de nos neurones. Mais à ce premier niveau de la genèse de nos capacités d'action, nous ne pouvons pas encore parler de raison en un sens développé, mais seulement de motivation. Ce n'est pas non plus possible quand nous en sommes au niveau des ajustements et des mises à jour. Certes, nous serons alors capables non seulement d'articuler un mouvement, une cible et une motivation, mais d'assurer un suivi de la conformité de la réalisation du mouvement à la relation entre cible et motivation. Ce suivi nous prépare à ce que serait le suivi d'une règle. Mais la règle n'est ici que l'action elle-même. Pour pouvoir parler de raisons en un sens satisfaisant, il faut arriver au troisième stade de notre genèse. Nous appuyant sur notre riche répertoire de réarrangements, de mises à jour et de révisions, nous pouvons ne plus nous soucier des circonstances précises de l'action, puisque les potentialités offertes par ce répertoire nous permettront de nous adapter à ces circonstances le moment venu. Nous pouvons ainsi évoquer l'action d'allumer la lumière sans avoir à spécifier s'il faudra tourner un bouton ou appuyer sur un commutateur. Nous sommes aussi plus sensibles aux articulations entre des mouvements différents, et à leurs possibles reconnexions avec les conditions propres au noyau d'une action. Nous pouvons encore nous soucier de la compatibilité entre deux noyaux d'action qui se succèderaient l'un à l'autre. Nous avons alors à assurer la cohérence entre les motivations propres à ces actions qui se succèderont. Nous en sommes ainsi parvenu à tenir compte de propriétés qui impliquent une certaine abstraction, et qui mettent au premier plan une exigence de cohérence. Nous pouvons dire que nous avons transformé nos motivations en raisons.

Autrement dit, nous sommes partis des causes, et nous avons enrichi le tissu des causalités dont nous sommes capables de telle manière que nous avons pu assurer la sélection parmi ce réseau de causes des connexions qui méritent le nom de raisons. Cette sélection nous a éloigné des causalités directement efficientes qui assurent l'exécution d'une action particulière. Mais elle ne nous a pas coupé de ces causes. Il suffit que se présente la situation qui nous fournit la cible, la posture, la motivation, que d'autres activités en cours n'introduisent pas d'inhibition, que nous soient données les valeurs de la fonctionnelle qui définit la cible comme « à atteindre » par le mouvement, que soient disponibles les réarrangements posturaux, les mises à jour et les révisions adaptées, pour que notre intention abstraite retrouve toute sa concrétude et déclenche l'action. Le réseau de potentialités causales est toujours là. L'intention abstraite n'en était qu'une sélection, qui lui reste connectée. Il suffit que soient réactivées ces connexions pour que notre raison redevienne une cause. Mais entre temps elle a pu fonctionner sur un régime, différent du régime causal de base, qui est le régime représentationnel et inférentiel.

Pour que les raisons puissent fonctionner comme des causes, il faut que nous puissions sélectionner dans les actions particulières des noyaux de conditions qui restent stables par rapport aux réarrangements, mises à jour, et révisions. Sans doute procédons-nous à des approximations et introduisons-nous du vague en ce domaine, pour pouvoir maintenir une stabilité du noyau malgré des variations qui pourraient ne pas avoir d'intersection commune. Mais si notre environnement ne permettait pas, moyennant ce vague et cette tolérance qui ne doit pas être excessive, de trouver des conditions qui constituent le contenu de ce noyau, nous ne pourrions pas assurer une continuité entre les intentions préalables que nous évoquons avant d'agir et les intentions en action. Nous pourrions tout au plus évoquer des notions non reliées à des pratiques, qui nous permettraient seulement de récuser certaines réalisations, mais qui ne pourraient pas déclencher des mouvements effectifs. Les raisons seraient alors coupées des causes.

En conclusion, il est possible que des raisons soient des causes de notre action, à condition que leurs connexions avec notre réseau de capacités motrices soient toujours activables. Mais d'autres raisons peuvent ne pas avoir ce statut.

Désirs, croyances et intentions

Davidson a poursuivi sa stratégie de parcimonie conceptuelle – prendre des concepts moins forts, et en prendre moins – en soutenant que l'on peut réduire les intentions à des combinaisons de croyances et de désirs. Si j'ai le désir de boire de l'eau, que je crois qu'il y a de l'eau dans ce verre et que je crois aussi qu'en le portant à mes lèvres je pourrai satisfaire ma soif, alors j'ai l'intention de boire le contenu de ce verre. Ces croyances comportent des croyances instrumentales, qui consistent à croire dans la relation entre des moyens et la réalisation de fins.

Bratman[1], parmi d'autres, a trouvé que cette réduction à des désirs et des croyances ne rendait pas compte de certaines caractéristiques de nos intentions, surtout quand ces intentions résultent d'une activité de planification. Quand nous avons envisagé plusieurs possibilités d'action, et que nous nous sommes décidés pour un plan d'action, nous nous sommes engagés mentalement dans des connexions entre les étapes de nos plans, si bien que nous allons faire peser sur nos actions présentes les contraintes qui en résultent. Notre réorganisation

---

1. M. Bratman, *Faces of intention*, Cambridge, Cambridge University Press, 1999.

mentale implique aussi une réorganisation pratique. Or ces réorganisations ne consistent ni en croyances – nous n'avons pas de croyance concernant ces réorganisations, elles réorganisent nos croyances elles-mêmes – ni en désirs – les engagements qu'impliquent ces réorganisations sont plus des contraintes que des désirs. Certes, il est possible de considérer ces réorganisations comme des conséquences pour nos représentations instrumentales. Mais elles ont aussi un impact sur nos motivations : nous sommes motivés à agir plutôt selon notre plan qu'en ne le suivant pas, et à réagir aux changements de circonstances selon la ramification la plus pertinente de notre plan plutôt qu'en suivant une impulsion arbitraire.

Goldman, Bach et Pacherie ont introduit une autre perspective. Aux désirs et aux croyances, il faut ajouter ce que l'on peut nommer soit des intentions exécutives, soit des intentions motrices. Des intentions faites de croyances et de désirs ne peuvent en effet pas à elles seules assurer l'exécution de l'action.

Le lecteur voit aisément que nous disposons déjà des réponses à ces deux problèmes. Évidemment, puisque les intentions préalables sont des sélections opérées dans un réseau de capacités motrices, on peut aussi bien donner raison à Davidson qu'à Pacherie, Bach et Goldman. Davidson pourrait avoir parfois raison, puisque les intentions préalables peuvent être évoquées sans tenir compte des spécificités de telle activité motrice, si les conditions propres au noyau de l'action peuvent s'exprimer avec un degré d'approximation acceptable dans des termes non moteurs. Et nous pouvons aller très loin dans ce sens. Quand nous pensons à boire le contenu du verre, nous n'avons pas spécifié comment notre main doit le saisir, ni même si nous devons utiliser nos mains, ou pencher la tête pour que nos lèvres soient en contact avec le verre, ou même le saisir avec nos deux pieds, etc. Il suffit, en fait que le contenu du verre puisse passer la barrière de nos lèvres et être ingéré (une perfusion ne conviendrait pas). Mais Goldman, Bach et Pacherie n'ont pas tort la plupart du temps, puisque l'intention préalable est obtenue par sélection sur le fond d'un réseau d'activités motrices variées, et qu'elle conserve toujours une potentialité d'activation des connexions de ce réseau.

Il en est de même pour ces intentions qui sont des plans et qui réorganisent nos attentes et nos activités. Cette capacité de planification et de réorganisation est simplement un développement des capacités de révision et de reconnexion au noyau de l'action. Or nous avons vu que la formation d'intentions préalables exige ces capacités. Ainsi la notion même d'intention préalable est dépendante de la notion de révisions possibles. Nous pourrons dire avec Bratman que les intentions ne se réduisent pas à des désirs et des croyances puisqu'elles présupposent des capacités de révision, et que ces révisions ne consistent ni en des désirs ni en des croyances mais dans des réorganisations des unes et des autres. Mais il est aussi possible de dire avec Davidson que les intentions ordinaires n'impliquent pas d'évocation de plans et de révision, qu'elles font abstraction des révisions particulières, comme des conditions particulières d'exécution de l'action, et qu'on peut alors les décrire en termes de désirs et de croyances. Mais si l'on prétend avoir alors une description des intentions suffisante pour une théorie de l'action, on se trompe, puisque pour comprendre le lien entre intention et action il faut tenir compte d'une part de cette opération de sélection et d'abstraction qui nous permet de ne retenir que les conditions du noyau de l'action (conditions que les mises à jour et les révisions nous permettent d'isoler, comme étant le faisceau restreint auquel toute révision doit se reconnecter), et d'autre part de la persistance de connexions activables à tout instant entre une intention et le réseau des capacités d'activité motrice. Si nous avions

affaire à une raison qui ne permette plus d'activer ces connexions, le lien avec les révisions serait aussi absent : il ne
s'agirait plus alors d'une véritable intention, mais simplement
de l'évocation du lien entre une situation imaginée et une
motivation.

Il faut conclure que si Davidson peut trouver des exemples
d'intention qui satisfont sa réduction aux croyances et aux
désirs, ces exemples ne peuvent pas rendre compte de toute la
richesse du domaine de l'action. Davantage, nous ne pouvons
pas arriver à constituer le contenu de nos désirs d'action et de
nos croyances instrumentales sans utiliser les variations des
mises à jour et des révisions pour mieux cerner le noyau d'une
action et donc déterminer ses conditions de satisfaction. Nos
désirs eux-mêmes ne se réduisent pas à des motivations générales, mais ils sont partiellement déterminés par les objets qui
dans notre environnement proposent des prégnances qui leur
sont accordées, et par les activités motrices qui permettent
d'exploiter ces prégnances. Ainsi nous n'avons pas seulement
le désir d'étancher notre soif, mais de porter un verre à nos
lèvres et de sentir le liquide couler dans notre bouche et notre
gorge, plutôt que de nous faire une perfusion. Comme nous
l'avons vu, nos mouvements eux-mêmes peuvent faire partie
de nos désirs.

Libre mouvement et déterminisme dans l'action
La naturalisation

Nous ne prétendons pas ici pouvoir développer et encore
moins résoudre les problèmes liés aux conflits entre liberté
et déterminisme. Nous évoquons un problème plus limité :
puisqu'un mouvement contraint ou provoqué de l'extérieur ne
semble pas pouvoir être considéré comme une action, et que
nous concevons souvent le déterminisme comme une généralisation des causalités externes, en quel sens la conception

d'un mouvement comme action implique-t-elle une certaine notion de liberté ?

On le voit, ce problème précis n'implique pas que nous soyons déjà en train de considérer l'autonomie d'un agent, mais seulement que nous tentions de distinguer un mouvement contraint ou provoqué d'un mouvement intentionnel. Il est d'ailleurs possible, on le sait, de provoquer des expériences phénoménales qui ne se rangent ni dans la classe des mouvements ressentis comme réflexes ou comme provoqués de l'extérieur, ni dans celle des mouvements ressentis comme intentionnels. Des stimulations éléctro-magnétiques peuvent activer des zones cérébrales qui déclenchent alors un mouvement. Les sujets de l'expérience ne savent pas très bien comment classer l'expérience qu'ils vivent alors. Ce mouvement est bien le mouvement de leur corps, mais ils ne l'ont pas voulu. Bonnard, Camus, de Graaf et Pailhous [1] ont d'ailleurs montré que les sujets pouvaient apprendre (au bout de bien des essais) à inhiber cette activation pourtant centrale, à condition de pouvoir observer l'enregistrement de leur électro-encéphalogramme pour pouvoir évaluer les effets des commandes d'inhibition qu'ils déclenchent, cette fois volontairement, mais sans savoir à quoi les tentatives qu'ils font correspondent.

Il est aussi possible, comme Roll et son équipe l'ont montré [2], de produire soit des mouvements, soit des sensations posturales, en imposant sur les tendons des muscles des vibreurs qui présentent une fréquence convenable. Là encore, les sujets ressentent le mouvement à la fois comme étant le leur et comme n'étant pas une action au sens plein du terme.

---

1. M. Bonnard, M. Camus, J. De Graaf and J. Pailhous, « Direct evidence for a Binding between cognitive and motor functions in humans : a TMS study », *JOCNrev*, 2004.
2. Par exemple dans « Antagonist motor responses correlate with kinesthetic illusions induced by tendon vibrations », *Experimental Brain Research*, vol. 124, n°3, 1999, p. 342-350.

Que le mouvement soit produit par une activation centrale ou par une stimulation périphérique, il lui manque, pour être ressenti comme une action, d'être raccordable aux réseaux de capacités dont nous avons étudié la genèse. Ces deux activations ne sont associées ni à des réarrangements de posture, ni à des mises à jour, ni à des révisions. Or si nous ne disposons pas de ce réseau de variations, nous n'avons plus les moyens d'extraire le noyau des conditions de l'action. Il semble donc que, dans les conditions d'un mouvement effectif, ce noyau ne soit pas utilisable de manière détachable de ce réseau.

Cela nous permet de donner une réponse au problème de la naturalisation de l'action. Supposons que par une imagerie cérébrale sophistiquée, nous puissions vérifier une succession d'activations dans le cerveau d'un agent, partant de la zone de préparation motrice et activant successivement tous les sites cérébraux, cérébelleux, les moto-neurones, propres au lancement, à l'exécution d'un mouvement, avec les réafférences et réactivations qui réagissent à ces réafférences et qui sont propres au contrôle de ce mouvement, que nous observions le mouvement, et que nous puissions éliminer l'intervention d'autres causes. Il semble que nous n'aurions aucun argument pour prétendre qu'il ne s'agit pas là d'une action. Mais alors, dira-t-on, nous devrions aussi admettre qu'un robot qui présenterait exactement ces activations cérébrales et autres serait un agent ? Non, puisque ici nous connaîtrions d'autres causes extérieures (le programme du robot a des causes extérieures). Mais par ailleurs, ces observations que nous ferions ne nous permettraient pas de savoir de quelle variété d'autres réarrangements, mises à jour et révisions potentielles dispose l'agent. Et ce savoir nous sera toujours inaccessible. Car si nous mettons l'agent dans d'autres situations, et lui demandons de faire « la même action », nous n'aurons aucun moyen de savoir si les activations que nous observerons alors sont bien les variations potentielles qui étaient celles activables – mais non activées – dans la première expérience, puisque la situation a changé. L'attribution à un agent de ces capacités de variation n'est cependant pas sans plausibilité naturaliste. Mais les notions mêmes que nous pouvons avoir sur le fonctionnement de notre cerveau impliquent que c'est un système dynamique qui ne se trouve jamais exactement dans les mêmes conditions. La notion de « variations » n'a donc pas le statut d'un observable, mais seulement d'une classe de similarité entre observables, et la notion de capacité de variation va donc au-delà de l'observable. La reconstruction du système dynamique qui correspondrait à tel cerveau aurait un statut encore plus hypothétique. L'approche naturaliste doit se satisfaire de pouvoir éliminer certaines hypothèses qui sont incompatibles avec les observations. Ce qu'elle affirme de positif reste hypothétique. Elle peut, en revanche, nous montrer que nous ne sommes pas capables de certaines variations. Ainsi, nous ne sommes pas capables, quand nous agissons sur un objet par le biais d'un robot, à distance, de continuer à contrôler et à mettre à jour efficacement notre action quand le temps de réaction du robot aux commandes dépasse un certain délai ; nous devrons passer à des révisions, qui interrompent notre action et en relancent une autre. Or nous ne pourrons jamais faire la liste de toutes les révisions dont un agent est capable, puisqu'il peut lancer ces révisions bien après que nous l'aurons observé en train d'échouer à les démarrer. Comme notre concept d'action inclut ces capacités de révisions, nous rencontrons là, en un sens, une limite de la naturalisation. En un autre sens, c'est là une preuve de la validité de la perspective naturaliste. Car si nous rencontrons cette limite, cela tient justement à ce que nos concepts (y compris celui d'action) sont ouverts à la révision, donc sont en leur état présent incomplets : nous ne pouvons pas spécifier aujourd'hui comment nous aurons à les réviser

demain. Si notre concept d'action était irréductible en un sens
fort, cela voudrait dire que nous disposerions déjà actuelle-
ment d'un concept d'action dont nous pourrions montrer en
exhibant son contenu complet qu'il n'est pas reconstructible à
partir de la perspective naturalisatrice. Mais ce n'est pas en ce
sens que notre concept d'action est irréductible. Il l'est au
contraire parce que nous ne pouvons pas exhiber un tel
contenu complet, et que nous pouvons montrer que nous ne
pourrons jamais l'exhiber (et ce « jamais » est « par défaut »,
ce n'est pas non plus un contenu complet : nous ne pouvons
pas imaginer des conditions autres). Or cette incomplétude
est justement ce à quoi nous devons nous attendre d'un être
naturel dont les capacités de révision tiennent à des processus
naturels limités, mais capables de réorganisation.

Ruwen Ogien[1], qui refuse le naturalisme, pense que la
différence entre ce que nous faisons et ce qui nous arrive n'a
pas de sens au niveau psychologique ou physique mais seulement au niveau social ou moral. Dire de quelqu'un qu'il agit
serait une attribution à la troisième personne, qui permettrait
à la fois de sauver la cohérence de l'ensemble de concepts
comme la responsabilité, la liberté ou l'agentivité, et de
bloquer les problèmes de chaînes causales déviantes et de
régressions infinies (volonté de volonté, désirs de désirs, etc.)
Mais la perspective naturaliste nous révèle elle-même son
incomplétude sur ces points : nous n'avons pas un contenu
complet de l'action, ni de l'agent, parce que ces contenus sont
révisables, et que la possibilité même de ces processus de
révision est propre à la notion d'action et à celle d'agent. La
perspective naturaliste a l'avantage de poser la notion d'agent
comme ouverte et toujours incomplète, alors que la position

1. R. Ogien, *La faiblesse de la volonté*, Paris, PUF, 1993. Voir aussi *Les
Causes et les Raisons*, Nîmes, Jacqueline Chambon, 1995 et *Le rasoir de Kant*,
Paris-Tel Aviv, L'Éclat, 2003.

anti-naturaliste, qu'elle soit à la troisième personne ou à la première personne, pourrait faire croire que l'agent est une entité suprême capable de réinterpréter ses processus moteurs pour en faire ou non des actions. L'anti-naturaliste croit objecter qu'il faut une régression à l'infini pour tenter d'arriver à partir des processus moteurs et des activités mentales à l'agent et à ses désirs de nième ordre. Mais son agent n'est qu'une régression à l'infini ramenée à une position inconditionnée. Le naturaliste reconstruit les bases nécessaires à l'action, et laisse intervenir les révisions, qui seront toujours finies, mais toujours ouvertes. L'anti-naturaliste peut prétendre anticiper cette série en principe illimitée de révisions, comme autant de réinterprétations. Mais s'il peut accumuler les interprétations, il ne s'est pas soucié d'assurer ses bases, et d'explorer les contraintes qu'elles imposent. Au contraire le naturaliste n'engage de révisions que lorsqu'elles sont nécessaires en fonction des contraintes déjà acquises. La série anti-naturaliste est suspendue dans le vide, alors que celle du naturaliste se construit peu à peu.

Toutes ces remarques peuvent aussi nous fournir quelques enseignements sur nos notions de liberté et de déterminisme. Puisque nous ne pouvons pas constituer le noyau des conditions d'une action sans disposer d'un vaste répertoire de variations, notre sentiment d'action libre exige que nous ayons un vaste éventail de possibilités d'activités motrices disponibles. Cela nous conduit à une conception de la liberté effective assez proche de celle de Amartya Sen, quand il lie la liberté à des « capabilities », ou capacités, qui exigent de disposer de plusieurs possibilités de fonctionnement (« functionings »). Autrement dit, notre liberté réelle tient à l'éventail d'activités que nous pourrions effectivement déclencher dans notre situation. Mais ce sentiment de liberté exige aussi que nous puissions définir ces fonctionnements, autrement dit ces possi-

bilités d'action. Pour cela, il faut, on l'a vu, que nous disposions de variations nombreuses des activités motrices effectives, et que ces variations conservent un noyau stable, qui
deviendra saillant dans notre réseau de capacités, en fonction
même de sa relative stabilité. Or ces variations tiennent à ce
que notre environnement n'est jamais totalement stable et
répétitif. Autrement dit, même si nous arrivions à déterminer
des programmes qui chacun déterminent une activité motrice,
il nous faudrait toujours des variations pour identifier le noyau
stable commun à certaines de ces activités. Et fort heureusement, soit l'introduction du hasard soit même celle d'un chaos
déterministe, dû à la sensibilité des trajectoires des phénomènes à de très petites variations des conditions initiales,
suffisent à nous fournir ces variations. Mais par ailleurs, nous
devons aussi pouvoir observer des phénomènes de reconvergence (au moins approximative). Et là encore c'est ce qui se
passe même dans la plupart des situations chaotiques.
Beaucoup de trajectoires bifurquent, mais la plupart de celles
qui bifurquent reviennent aux alentours du même voisinage.
Ainsi la liberté de mouvement dont nous avons besoin pour
constituer nos actions comme reconnaissables nous est fournie
aussi bien dans des situations où le hasard intervient, mais en
conservant certaines conditions, que dans celles qui restent
déterministes, mais d'un chaos déterministe. La liberté de nos
mouvements est donc une des conditions pour que nous
puissions extraire des activités motrices un noyau stable, et
aussi pour que nous puissions ressentir une activité motrice
comme appartenant au noyau d'une action. Les autres conditions, ce sont les fonctionnements de nos activités collatérales
à ce noyau, mais qui assurent la reconvergence des activités
motrices vers le noyau : les réarrangements, les mises à jour et
les révisions. Nous ne ressentirions pas comme une action des
mouvements qui ne participeraient pas à la constitution pro-

gressive de la définition de l'action, par émergence d'un noyau stable au cœur de variations, et ensuite par des reconnexions vers ce noyau stable, qui en maintiennent la validité.

Mais nos réflexions sur la naturalisation nous ont aussi montré que ce noyau est défini par défaut, donc de manière incomplète, sous réserve de révisions futures qui amèneraient à le remodeler parce qu'elles présenteraient des reconvergences légèrement différentes. Dans la pratique, nous faisons comme si ce noyau était stable, alors qu'il est susceptible d'un léger « bougé ». Cette marge d'approximation n'est évidemment pas elle-même fixe, mais moyennant cette approximation élastique, nous arrivons à reconnaître des actions.

Praxis/poiésis

Cette distinction d'Aristote peut-elle trouver une interprétation renouvelée à la lumière de nos analyses? Rappelons les critères d'Aristote pour distinguer la *praxis* de la *poiésis*. 1) La *poiésis* est une action en vue d'une fin qui est différente d'elle-même, alors que la *praxis* n'est pas faite en vue d'autre chose. 2) La *poiésis* se termine par un résultat qui se détache de l'action. Le résultat obtenu par la *praxis* est elle-même. 3) On ne peut pas avoir eu une action poiétique (donc l'avoir menée à son achèvement) et l'avoir encore. On peut avoir mené une action praxique à son achèvement et l'avoir encore [1].

Il faut noter que le premier critère n'implique pas les deux autres. On pourrait avoir un acte qui n'est pas fait en vue d'autre chose que lui-même, mais qui néanmoins laisse derrière lui des productions collatérales (imaginons un mathématicien que seule intéresse l'activité de démonstration, et qui va cependant laisser des théorèmes). Et la morale bouddhiste nous propose au contraire des fins qui doivent se détacher de

---

1. Cf. *Métaphysique*, Livre Θ, chapitres 6 et 8, et *Éthique à Nicomaque*, Livre VI, chapitre 4

l'activité, puisqu'il faut abandonner toute activité, mais sont des fins en elles-mêmes. Aristote donne comme exemple de *praxis* la vision et la *théoria*, ou contemplation intellectuelle. Les exemples de *poiésis* sont multiples, et toutes les activités de fabrication sont de ce type.

Les exemples de *praxis* que donne Aristote semblent correspondre à ce que nous appellerions aujourd'hui des activités inapparentes (« covert activities ») comme toutes les activités mentales, qui ne donnent pas lieu à des mouvements. Mais nous pourrions aussi penser que marcher pour se promener, pour marcher, ou en général faire un exercice musculaire pour s'exercer sont des praxeis. Marcher pour marcher satisfait les trois critères, s'exercer pour le plaisir de l'exercice satisfait aussi nos trois conditions.

Curieusement, le premier critère d'Aristote est satisfait par toute activité motrice en tant que telle, dans la mesure où toute activité motrice donne lieu à une forme de récompense qui renforce cette activité en tant que telle et incline à la répéter. C'est ce qu'on appelle la force de l'habitude. Prenons celui qui apprend un morceau de piano. Il s'aperçoit vite que s'il répète deux fois une erreur, elle a tendance à s'installer, et qu'heureusement, il en est de même d'un jeu correct. Les actions qui mènent à la fabrication d'un produit sont donc tout aussi renforcées par elles-mêmes que les autres.

Peut-on dire inversement que les activités praxiques aboutissent aussi à des produits détachables ? En un sens oui, et toujours pour la même raison, qui est qu'une action quelconque laisse un frayage (d'une voie neuro-musculaire) qui facilite la répétition d'une action similaire. Mais on peut contester que cette trace ou ce frayage soient véritablement détachés de l'action. De toute manière, le frayage n'est pas un achèvement de l'action motrice, et nous pouvons continuer cette action motrice et continuer par là le frayage même une fois qu'il a commencé à s'imprimer en nous, ce qui satisfait le troisième critère de l'action praxique.

Le problème que pose la division *praxis/poiésis* à notre approche est que nous avons commencé par définir l'action de base par un triplet : cible, motivation, mouvement. Nous pouvons donc prendre comme exemples d'actions praxiques les actions qui ont pour cible le mouvement lui-même, comme marcher, danser, etc. Mais les activités qui sont réussies quand soit la cible a été atteinte, soit la motivation a été satisfaite, seraient des activités poiétiques. En effet, on ne peut les avoir menées à leur point d'achèvement (atteinte de la cible ou satisfaction de la motivation) et les poursuivre encore. Or ce sont là les prototypes de l'activité motrice, alors même qu'il semblerait que les activités praxiques doivent être les prototypes de l'activité en général, puisqu'elles nous recentrent sur l'activité elle-même et non pas sur ses produits.

Mais nos réflexions précédentes, jointes à l'approche génétique que nous avons retenue, nous permettent de retrouver aussi une dimension praxique dans les activités orientées vers l'atteinte d'une cible et la satisfaction d'une motivation. Il nous suffit en effet de nous rappeler que les sous-produits (en réalité les effets essentiels) d'une activité motrice sont les variantes qui enrichissent notre réseau de réarrangements, de mises à jour et de révisions. Cet enrichissement de notre réseau d'activités motrices peut être considéré comme un produit de l'activité, mais ce n'est pas un produit détachable, puisqu'il n'est activable que par une activité similaire. Par analogie, nous pouvons aussi considérer les artefacts produits par nos fabrications comme des relais de notre réseau d'activités motrices. Ainsi, quand nous ajoutons une anse à une tasse, nous constituons dans notre environnement une nouvelle prégnance pour un de nos mouvements (saisir l'anse). Les anses sont certainement détachées des mouvements du potier, mais elles ne sont pas détachables de notre réseau d'activités motrices. Elles en sont simplement les relais dans notre environnement.

Ce genre d'analogie marche aussi en sens inverse. Les activités proprement praxiques comme la vision ou la contemplation intellectuelle exigent la mise en place de réseaux d'activités cognitives qui ne sont pas toujours liées aux activités motrices – même si elles sont souvent complémentées par nos activités motrices centrales, cérébrales, comme lorsque nous percevons un geste en fonction de notre propre répertoire de mouvements. Ces réseaux sont des traces ou des produits des activités cognitives, mais ce ne sont pas des produits détachables de ces activités. Il semble donc bien que toutes nos activités, qu'elles soient motrices ou seulement cognitives, satisfont le premier critère : elles sont faites, finalement, ou aussi, en vue d'elles-mêmes, à savoir de la complexification de leur réseau de variations, qui les rend elles-mêmes plus affinées. Elles satisfont aussi le troisième critère : on peut avoir mené une activité motrice ou cognitive à sa réussite, qui nous satisfait, et cependant avoir encore cette activité à l'état de frayage pour ses parentes futures. Mais certaines seulement satisfont le critère de la *poiésis*, qui consiste à produire un objet qui soit réellement détachable de l'activité. Les activités praxiques, sous cette réinterprétation, deviendraient les plus répandues, alors que sous l'interprétation d'Aristote, elles étaient rares et privilégiées.

Pouvons nous retrouver une interprétation cohérente avec nos analyses, mais qui redonne aux activités praxiques leur rareté, et aux activités poiétiques leur fréquence ? C'est possible, si nous réfléchissons sur ce qu'impliquent les possibilités de révision.

L'activité praxique est caractérisée par le fait qu'elle peut nous avoir donné satisfaction et que cependant nous la poursuivrons. L'activité poiétique, elle, implique des arrêts dans l'activité, relayée par des productions qui en sont détachées. Ces productions une fois achevées restent fixes et inertes. Or dans nos analyses de l'action, nous avons montré que les capacités de révision, si nous les utilisions pour reconverger vers le noyau de l'action après une déviation, pouvaient assurer des articulations avec d'autres actions. Et nous avons dit que les activités de planification consistaient précisément à utiliser ces potentialités de révision d'une déviation pour construire des ramifications d'une action en d'autres actions possibles, en fonction de circonstances différentes. La généralisation de ce procédé amène à se soucier de toujours réserver à toute étape de l'action des branchements pour d'autres actions possibles.

Nous pouvons alors opposer deux tendances de nos activités. La première consiste à poursuivre ces branchements, sans se soucier de revenir au noyau de l'action initiale. C'est celle qui correspond à l'activité d'exploration. Et nous pouvons noter que les deux exemples de *praxis* donnés par Aristote sont des exemples d'exploration : la vision et la contemplation intellectuelle. La seconde consiste à toujours renouer avec le noyau de l'action première, à savoir l'atteinte de la cible et la satisfaction de la motivation. C'est la tendance qui correspond à l'activité d'utilisation ou d'exploitation. Elle assure l'arrêt de l'action, sinon de nos activités. S'il est possible d'avoir exploré et d'explorer encore, il n'est pas possible d'avoir utilisé et d'utiliser encore (sous le même rapport). Dire que l'exploration a sa fin en elle-même est peut-être aller loin. Si elle ne conduit à aucune utilisation, on peut se demander s'il faut la poursuivre. Mais on peut cependant, au prix de sacrifices, la poursuivre pour elle-même. Il en est de même de la vision et de la contemplation intellectuelle. Il semble donc que nous pouvons remplacer la notion de *poiésis* par celle d'activité utilisatrice et la notion de *praxis* par celle d'activité exploratrice. Hannah Arendt a cru pouvoir lier la *praxis* et l'activité politique déployée pour la politique elle-même, et reléguer le travail dans l'activité poiétique. Mais ce sont là des positions idéologiques. L'activité politique ne peut se passer d'une évaluation de son utilité, et inversement le travail est aussi et devient de plus en plus une activité d'exploration.

L'approche par le développement des activités motrices nous permet donc de nous rendre compte qu'il n'est pas possible de séparer radicalement la *praxis* et la *poiésis*, l'exploration et l'utilisation. Nos productions nous permettent de nous donner des repères pour nos actions, et de définir des noyaux d'action. Nos révisions nous permettent de combiner une action avec d'autres, et d'ouvrir un ensemble d'actions sur une extension illimitée de leur réseau. Les productions ou les satisfactions qui arrêtent les actions nous permettent de nous y retrouver dans ce réseau et de définir des catégories d'usages. Nous ne pouvons développer la *praxis* ou l'exploitation sans avoir développé la *poiésis* ou la production, et inversement.

Cependant la distinction d'Aristote pourrait s'appuyer sur des distinctions linguistiques. Il est d'usage de distinguer deux aspects différents des actions. Si nous disons « Pierre mange une pomme », cette action doit atteindre un terme, qui est que toute la pomme, ou tout sa partie facilement comestible, a été ingérée par Pierre. C'est une action d'aspect « télique » (pour télos, fin). Si nous disons « Pierre mange des pommes », cela implique qu'une fois une première pomme mangée, il peut continuer à manger des pommes. Nous ne savons pas quand juger que l'activité a atteint sa complète satisfaction. C'est une action d'aspect « atélique » (une opposition voisine relie le perfectif et l'imperfectif). Dans le premier cas, selon Krifka [1], si l'action est décomposable en deux événements, leurs statuts

1. M. Krifka, « The origine of Telicity », *in* S. Rothstein (ed.), *Events and Grammar*, Dordrecht, Kluwer, 1995.

sont différents. Une partie de l'événement « manger une pomme » n'est pas l'événement « manger une pomme », puisque seul le tout de l'activité terminée peut mériter cette qualification. Au contraire, une partie de l'événement « manger des pommes » reste un événement de « manger des pommes »[1].

Mais cette distinction n'est pas accessible en en restant aux deux niveaux de base d'une activité motrice. Manger des pommes, qu'il s'agisse d'une ou de plusieurs pommes, est une activité « télique » en ce que les pommes doivent bien être saisies et ingérées. Marcher, qui semble pouvoir être une activité atélique par excellence, implique cependant de conserver la station debout et de mettre un pied devant l'autre en se propulsant, si bien que là encore nous avons des conditions de succès, des repères de réalisation ou de non réalisation de l'action bien déterminées. Pour pouvoir accéder à la distinction entre télique et atélique, il nous faut nous intéresser aux articulations entre des sous-actions et des actions globales. Autrement dit, il faut disposer des capacités de révision et de reconnexion qui nous permettent d'articuler entre elles des actions éventuellement différentes. Nous serons alors capables de faire la différence entre une action de base qui n'implique pas normalement de révisions et d'articulations avec d'autres actions, comme manger une pomme, et une action faite d'une suite de telles actions, comme « manger des pommes ». Nous retrouvons alors notre différence entre une activité qui poursuit les enchaînements de plusieurs actions et une activité qui assure l'arrêt d'une action sur la satisfaction qu'elle donne, entre l'exploration par une suite de révisions qui enchaînent des actions et l'utilisation qui consomme le résultat d'une de ces actions.

1. J. Higginbotham, F. Pianesi and A. Varzi, *Speaking of Events*, Oxford, Oxford University Press, 2000, p. 30.

La forme des phrases d'action

La notion de noyau d'une action peut-elle nous permettre de mieux comprendre la relation entre les conditions d'une activité motrice et le vocabulaire ou les formes de phrases dont nous disposons pour parler des actions ? Davantage, faut-il, pour parler des actions, introduire dans nos phrases des références à des événements, ce qui introduirait une catégorie ontologique supplémentaire, en plus des substances individuelles et des propriétés ?

Davidson a analysé de manière très précise les problèmes que pose la formulation des actions dans des phrases. Un premier problème tient à l'exigence de pouvoir tirer des implications d'une phrase qui exprime une action. Par exemple, si Béatrice a marché d'Aix à Marseille en 15 heures (pour 30 km) nous pouvons considérer que c'est lent. Mais si nous formulons son action en disant que « Béatrice a marché lentement », et que nous formalisions cette formulation par un prédicat Marcher, qui prend pour arguments Béatrice, le point de départ, le point d'arrivée, le temps mis à marcher – la formule sera donc Marcher (Béatrice, Aix, Marseille, 15h) – nous pourrons en tirer par inférence en fonction de la distance et par comparaison avec d'autres horaires de marcheurs qu'elle était lente, mais nous ne pouvons plus en déduire simplement que Béatrice a marché, puisque le prédicat Marcher exige pour nous donner un contenu signifiant que nous ayons fourni des données à mettre dans ses quatre places d'argument. C'est ce qu'on appelle le problème de la polyadicité variable (le nombre des places d'arguments des phrases d'action doit pouvoir varier sans que nous renoncions à pouvoir tirer des inférences entre une formule avec n places d'arguments et une formule avec n-m places).

Par ailleurs, les formulations des actions qui les transforment en des transitions entre un état initial et un état final (comme le fait Von Wright[1]) les ramènent au niveau de tous les changements quels qu'ils soient, si bien que l'on ne peut plus différencier les actions et les changements. Même si l'on donne un rôle spécifique à l'agent dans cette transition, comme le fait Kenny[2] en utilisant la formulation « X fit en sorte que F », où F est l'état final, atteindre un état final et être à l'origine de cette atteinte n'implique pas forcément que X ait agi.

La proposition de Davidson pour résoudre ces deux problèmes est d'introduire les événements comme des entités. Supposons que Jean a frappé Paul. La formulation de Davidson sera la suivante : il existe un x, tel que le prédicat « a frappé » appliqué aux arguments « Jean, Paul, x » donne une proposition vraie : $(\exists x)$ (a frappé (Jean, Paul, x)).

Cette formulation peut sembler étrange. Elle revient en effet à supposer une sorte d'entité non qualifiée, l'événement x, auquel s'applique un prédicat, ici triadique, qui recouvre probablement une relation entre Jean, Paul et x, l'événement. Mais si on interprète cette relation de la manière usuelle, il ne semble pas que Jean et Paul aient une relation avec l'événement x, relation qui serait cette qualification de l'événement x comme mis en relation avec Jean et Paul sous la qualité de « avoir frappé ». Jean frappe Paul, et Paul est frappé par Jean, mais l'événement n'est pas frappé ni ne frappe. La paraphrase de Davidson est la suivante : « il existe un événement, tel que x est un frapper de Paul par Jean »[3]. Mais ce n'est pas ce que dit la formalisation. Pour dire cela, il faudrait écrire : $(\exists x)$ ((a frappé (Jean, Paul)), x)). Il faudrait que x soit qualifié par la relation d'être frappé entre Paul et Jean. Mais si nous nous permettons cette reformulation, alors nous refaisons apparaître la phrase enchâssée : Jean a frappé Paul, à savoir : (a frappé (Jean,

1. G.H. von Wright, *Norm and Action*, London, Routledge, 1958.
2. A. Kenny, *Action, Emotion and Will*, London, Routledge, 1963, ch. 7.
3. Davidson, *Actions et Événements*, p. 167.

Paul)). Or Davidson veut l'éviter, parce que cela nous recon-
duit à considérer le fait que Jean a frappé Paul comme le cœur
de l'action, et donc à revenir aux difficultés des analyses en
termes de fait : elles ne rendent pas compte de la spécificité
intentionnelle de l'action. La solution de Davidson, en
revanche, permettrait selon lui à la fois de rendre compte de
cette spécificité, et de pouvoir pourtant tenir compte des iden-
tités extensionnelles et des relations d'implication dont la
formulation polyadique nous privait. Si frapper Paul dans sa
maison se trouve être frapper Paul à 10 km d'Aix, l'événement x sera toujours là, identique à lui-même, pour accueillir
successivement ces deux qualifications, et pour pouvoir
déduire de la seconde la première.

Castañeda[1] puis Parsons[2] ont proposé une formalisation
plus intuitive : « il existe un événement e, tel que "frappage"
soit vrai de e, "sujet de" soit vrai de Jean relativement à e, et
"objet de" soit vrai de Paul relativement à e », ou encore :
« $(\exists e)$ (Frappage (e) & Sujet (Jean, e) & objet (Paul, e)) ». Cette
formalisation est plus satisfaisante, mais elle risque encore de
faire de e un événement naturel, qui concerne simplement Jean
comme sujet et Paul comme objet, sans que nous puissions en
déduire que Jean est bien l'agent d'une action qui consiste à
frapper. D'autre part on a ici l'impression que « frappage » est
une qualité d'un événement e, alors que frapper définit l'action
elle-même, et donc constitue l'événement.

Une autre proposition est possible, qui consiste à se passer
de l'événement e, et à utiliser des modificateurs de prédicats.
Si Jean a frappé Paul, nous aurons un fait relationnel : Frap-

1. H-N. Castañeda, « Comments on Davidson's *The logical Form of Action
Sentences* », *in* N. Rescher (ed.), *The Logic of Decision and Action*, Pittsburgh,
Pittsburgh University Press, 1967, p. 104-112.

2. T. Parsons, « Underlying Events in the Logical Analysis of English », *in*
E. LePore et B. McLaughlin (eds.), *Actions and Events : Perspectives on the
Philosophy of Donald Davidson*, Oxford, Blackwell, 1985, p. 235-267.

page (Jean, Paul). Si Jean a frappé Paul avec un couteau, nous ajouterons un modificateur : « (Avec un couteau (Frappage)) (Jean, Paul) ». S'il l'a frappé avec un couteau violemment, nous ajouterons « ((Avec un couteau (Violemment (Frappage)) (Jean, Paul) », etc. Nous pourrons en déduire que Jean a frappé Paul, tant que le prédicat modifié implique encore le prédicat. Nous pouvons nous demander si de tels modificateurs sont bien des prédicats, ou s'ils ne fonctionnent pas plutôt comme des sortes de modalités. Un opérateur modal, comme « obligatoire que », modifie les valeurs de vérité de la proposition en les insérant dans une structure plus complexe. S'il est obligatoire de dire la vérité, alors ce n'est pas forcément ce que nous faisons dans notre monde réel, mais c'est ce qui se fait dans tous les mondes possibles auxquels notre morale nous donne accès, donc dans tous les mondes moralement admissibles.

Que les adverbes ou les modificateurs soient plutôt des opérateurs, et qu'ils modifient les conditions des valeurs de vérité, c'est ce que montrent des phrases comme « Jean a à moitié rempli le réservoir ». Si nous suivons la version de Davidson, il y a là un événement de remplissage. Pourtant cette phrase n'implique pas que « Jean a rempli le réservoir ». Elle veut plutôt dire que nous partons des conditions de succès d'une action de remplir le réservoir, et que nous divisons par deux le volume à remplir.

À vrai dire, il semble que ce que nous désignons par un verbe d'action « remplir », « frapper », etc., soit déjà une sorte d'opérateur. Nos verbes ne sont utilisables qu'à partir du troisième niveau de nos activités motrices, quand nous n'avons plus à nous soucier des paramètres précis de l'action, puisque nous nous intéressons surtout aux articulations possibles avec d'autres actions, et que nous pouvons compter sur nos capacités motrices pour fixer ces paramètres une fois la situation donnée. « Remplir » veut dire qu'une fois l'action réalisée, il ne reste plus de volume à combler. Nombre d'actions sont possibles qui assurent les conditions de reconnexion pour «remplir». Nous avons pu verser un liquide, apporter des éléments solides un par un, etc. Nommons ce genre de service que nous rendent les verbes la fonction «connective» des verbes. Ils indiquent des contraintes sur les conditions de reconnexion de sous-actions qui auraient pu dévier, et sur les conditions de connexion avec d'autres actions. Mais les verbes nous servent aussi à désigner des dynamiques, qui correspondent aux procédures de mises à jour durant l'action; des adverbes aussi jouent ce rôle. C'est la fonction «dynamique». Enfin les verbes désignent notre triplet de l'action de base : la cible modifiée par le mouvement qui est choisi en fonction de la motivation rattachée à la cible. C'est la fonction «triplet actionnel». Ainsi «frapper» implique une cible (la surface ou l'objet frappé) visée par une motivation qui est celle d'infliger un choc, ce qui dicte un mouvement doté d'une certaine vitesse et d'une certaine force (en fonction des caractéristiques de la cible). La dynamique est liée à cette vitesse et à la discontinuité de l'impact. Les reconnexions attendues sont soit un recul de l'objet frappé, soit un choc en retour, voire une fragilisation. Ce qui est frappé change donc de réaction par rapport à ses dispositions précédentes.

Mais nous avions noté que le triplet actionnel ne permettait pas de définir d'emblée le mouvement, tant que nous ne disposions pas de la motivation qui s'appliquait à la cible. C'est peut-être la source de notre gêne face à l'idée d'un événement auquel s'appliquerait le qualificatif «frappage». Cela permettrait d'admettre qu'un événement qui ne correspond à aucune motivation puisse posséder cette qualité, par exemple parce qu'aurait lieu un mouvement qui aurait les propriétés physiques d'un frappage. Nous évitons cette impression si nous revenons à notre triplet. Nous avons une cible, visée comme

« la cible d'un choc à infliger ». « À infliger » n'est pas un simple prédicat. C'est un opérateur, puisqu'il possède une saveur sinon d'obligation, du moins de motivation. Cet opérateur est la plupart du temps dépendant d'un agent motivé (nous développerons la notion d'agent dans notre commentaire de Davidson). C'est la motivation de Jean que d'infliger un choc à Paul. L'opérateur permet de déterminer un type de mouvement, en fonction de la cible. C'est ce mouvement que nous avons tendance à prendre pour un prédicat relationnel, ou pour une transition d'un état à un autre. Mais nous risquons d'oublier alors qu'il est dépendant de la motivation. « Frappage » doit donc se décomposer, mettant l'opérateur entre crochets, en : « ([infliger un choc (Jean, Paul)] (un mouvement, tel qu'il appartienne à la classe des mouvements de frapper de l'agent Jean, (Paul))) ». L'opérateur exige deux types d'arguments : un mouvement et une cible en l'occurrence, Paul. Si Jean frappe violemment, cela peut être une propriété soit du mouvement : Jean n'a pas bien calculé son mouvement ; soit de la motivation : Jean voulait infliger un choc violent à Paul. Dans le premier cas, nous pouvons tirer de « Jean a frappé Paul violemment » que « Jean a frappé Paul », et pour cela nous rangeons ce frappage violent dans la classe des mouvements de frapper. Dans le second, nous ne le pouvons pas, puisque ce que Jean a fait, ce n'était pas n'importe quelle frappe, mais seulement une frappe violente, qui n'est pas la même action et n'a pas les mêmes conséquences dans l'interaction. Quant à déterminer précisément la classe des mouvements de frapper, nous ne le pouvons que grossièrement, et nous allons pour cela utiliser les conditions de dynamique et de reconnexion, qui nous donnent les conditions du noyau de l'action de frapper. Mais ces conditions de reconnexion doivent aussi tenir compte de l'opérateur de motivation. Certaines interactions resteront possibles après un choc violent, par exemple quand Jean a frappé dans le dos de Paul en manquant de le renverser, si la motivation de Jean était de lui donner une tape amicale. Ainsi pour l'observateur extérieur, la détermination des motivations se fait en considérant les reconnexions de l'action avec d'autres actions. Si personne n'a besoin de continuer à remplir le réservoir après que Jean l'ait rempli à moitié, nous pouvons considérer que l'action était un succès, et donc que la motivation supposait de ne pas remplir le reste du réservoir. Mais sinon, l'action de remplir le réservoir à moitié était une action de remplir le réservoir inachevée. Penser que nous pourrons pour un verbe donné déterminer une forme logique unique qui satisfasse les trois fonctions que nous assignons aux verbes est illusoire, puisque par définition, le processus de reconnexion vers d'autres actions reste toujours ouvert à l'exploration, et que le choix du type de mouvement, une fois données une cible et une motivation, reste dépendant des circonstances. Mais nos actions nous donnent cependant suffisamment de repères et de contraintes pour que nous puissions nous coordonner.

TEXTES ET COMMENTAIRES

TEXTE 1

D. DAVIDSON
« L'agir », *Actions et Événements*, p. 79-82 [1]

La notion ordinaire de causalité événementielle nous permet d'expliquer comment l'agentivité[2] peut se diffuser des actions primitives aux actions décrites en d'autres termes, mais elle ne peut pas nous expliquer de la même manière le sens fondamental de la notion d'agentivité. La question qui se pose, par conséquent, est la suivante : y a-t-il un autre type de causalité, qui ne se réduise pas à la causalité événementielle, et dont l'analyse nous permettrait de comprendre la nature de l'agir ? Nous pouvons appeler ce type de causalité (à la suite de Thalberg) *causalité de l'agent*.

Si nous nous limitons, pour les raisons qui viennent d'être données, aux actions primitives, dans quelle mesure la notion de causalité de l'agent nous permet-elle de rendre compte de la relation entre un agent et son action ? Voici quel est le dilem-

---

1. D. Davidson, « L'agir », *Actions et Événements*, trad. fr. P. Engel, Paris, PUF, 1933. La traduction a été légèrement modifiée par l'auteur.
2. Nous traduisons « agency » par « agentivité » et non par « agir », puisqu'il s'agit de la propriété d'une action d'avoir un agent.

me : ou bien le fait qu'un agent cause une action primitive est un événement distinct de l'action primitive, et dans ce cas nous aurons des problèmes portant sur des choses comme des actes de volonté, ou pire, ou bien ce n'est pas un événement distinct, auquel cas il semble qu'il n'y ait aucune différence entre dire que quelqu'un a causé une action primitive et dire qu'il était l'agent de l'action.

Envisageons la première branche du dilemme, et supposons que le fait de causer une action primitive (au sens de la causalité de l'agent) introduit bien un événement distinct de l'action, et sans doute antérieur à elle. Ou bien cet événement antérieur est lui-même une action, ou bien il n'en est pas une. Si c'est est une, alors l'action initiale n'était pas, contrairement à l'hypothèse, une action primitive. Si cet événement n'est pas une action, alors nous avons essayé d'expliquer l'agir en faisant appel à une notion encore plus obscure, celle d'une intervention causale d'un agent qui n'est pas un faire.

L'autre branche du dilemme consiste à supposer que la causalité de l'agent n'introduit *pas* d'événement supplémentaire par rapport à l'action primitive. Car dans ce cas, qu'avons-nous dit de plus quand nous disons que l'agent a causé l'action que quand nous disons qu'il était l'agent de l'action ? Le concept de *cause* ne semble jouer aucun rôle. Il se peut que nous ne réalisions pas combien cette suggestion est vide parce que la causalité intervient de manière si manifeste dans les analyses de l'agir ; mais quand elle intervient, c'est la notion ordinaire de causalité à laquelle on a affaire, et cette notion n'éclaire en rien la relation entre un agent et son action primitive.

Nous expliquons le fait qu'une vitre a été cassée en disant qu'une brique l'a cassée ; le pouvoir explicatif que cette remarque peut avoir vient du fait que nous pouvons tout d'abord développer notre analyse de la cause de manière à embrasser l'existence d'un événement, le mouvement de la brique, pour ensuite faire appel à des preuves de l'existence d'une loi mettant en rapport les mouvements d'objets rigides avec les bris de vitre. La notion ordinaire de cause est indissociable de cette forme élémentaire d'explication. Mais le concept de causalité de l'agent n'a aucune de ces caractéristiques. Ce qui distingue la causalité de l'agent de la causalité ordinaire est qu'aucune extension de cette causalité qui fasse intervenir dans l'histoire deux événements n'est possible, et qu'on ne peut y trouver une loi tapie quelque part. Mais du coup, on n'explique rien. Par conséquence, nous n'avons apparemment aucune raison d'utiliser des expressions telles que « cause », « produit », « fait en sorte que », pour *élucider* la nature de la relation entre un agent et son acte. Je ne veux pas dire que ces expressions soient inappropriées, car il arrive qu'on les emploie naturellement quand il est question de l'agir. Mais je ne pense pas que le fait de les introduire nous fasse progresser dans notre analyse de l'agentivité et de l'action.

La notion de causalité est indissociable du concept de l'agir, mais c'est la causalité ordinaire comme relation entre des événements qui est pertinente, et elle concerne les effets et non pas les causes des actions (si l'on met à part, comme précédemment, la possibilité d'analyser l'intention en termes de causalité). On s'en aperçoit notamment quand on décrit ce que Joel Feinberg appelle l'« effet accordéon »[1], qui est un trait important du langage que nous utilisons pour décrire les actions. Un individu bouge le doigt – supposons que ce soit intentionnellement – tournant ainsi l'interrupteur, causant l'apparition de la lumière, l'illumination de la pièce, et le fait qu'un rôdeur soit alerté. Cet énoncé a les implications suivantes : l'homme a tourné l'interrupteur, illuminé la pièce, et alerté le rôdeur. Parmi ces choses, il en a fait certaines inten-

1. J. Feinberg, « Action and Responsibility », *in* M. Black (ed.), *Philosophy in America*, Ithaca, Cornell University Press, 1965, p. 124-160.

tionnellement, d'autres pas ; en dehors du mouvement du doigt, l'intention n'intervient pas dans ces inférences, et même ici on a besoin de la mentionner seulement dans la mesure où le mouvement doit être intentionnel sous une certaine description. Bref, à partir du moment où il fait une seule chose (bouger le doigt) chaque conséquence implique un acte de l'agent : un agent cause ce que ses actions causent [1].

Ce que l'effet accordéon ne nous dira pas, c'est dans quelle mesure un acte donné est intentionnel. Si quelqu'un meut sa bouche de manière à produire les mots « vous avez mis votre chapeau de travers », offensant ainsi son compagnon, l'effet accordéon s'applique, car nous pouvons dire à la fois qu'il a prononcé ces mots et qu'il a offensé son compagnon. Cependant il est possible qu'il n'ait pas eu l'intention de mouvoir sa bouche de manière à produire ces mots, ni de manière à les prononcer, ni de manière à offenser son compagnon. Mais on ne peut pas appliquer l'effet accordéon si aucune intention n'est présente. Si l'officier presse un bouton en pensant que celui-ci actionnera une sonnette qui donnera l'ordre à un steward de lui apporter une tasse de thé, mais en fait déclenche le lancement d'une torpille qui coule le Bismarck, alors l'officier a coulé le Bismarck ; mais s'il est tombé sur le bouton parce qu'un roulis lui a fait perdre l'équilibre, alors bien que

---

1. La formulation proposée par cette phrase est plus exacte que dans certains de mes exemples. Supposez que Durand soit la cause du fait que Dupont abatte Martin d'un coup de fusil. Nous n'en conclurons certainement pas que Durand a abattu Martin. Néanmoins ma formulation reste correcte à partir du moment où nous pouvons passer de « l'action de Durand a causé la mort de Martin » à « Durand a causé la mort de Martin ». Il y aura, c'est certain, un conflit entre ces deux énoncés si nous nions que l'on puisse dire que Durand et Dupond ont tous les deux (dans notre histoire) causé la mort de Martin, et si, en même temps, nous affirmons la transitivité de la causalité. Nous pourrions, cependant, préserver notre énoncé si quelqu'un refuse d'admettre que dans ces circonstances on puisse dire que Dupond a causé la mort de Martin en disant que dans ces circonstances la transitivité de la causalité cesse également de valoir.

les conséquences soient les mêmes, on ne considérera pas qu'il a été l'agent de cet acte.

L'effet accordéon ne s'applique qu'à des agents. Si Durand meut intentionnellement une batte de base-ball qui frappe une balle qui s'en va briser une vitre, alors non seulement Durand a frappé la balle, mais il a aussi brisé la vitre. Mais nous ne disons pas que la batte, ou même son mouvement, a brisé la vitre, bien que ce soit évidemment le mouvement de la batte qui ait brisé la vitre. Nous admettons bien entendu que des objets inanimés puissent causer ou entraîner diverses choses – par exemple ici la balle a cassé la vitre. Mais il ne s'agit pas ici de l'effet accordéon propre à l'agir ; c'est seulement une façon elliptique de désigner la causalité événementielle. La balle a cassé la vitre, et par là même son mouvement a causé le bris de la vitre.

Il semble par conséquent que nous puissions traiter l'effet accordéon comme une marque de l'agentivité. C'est une façon de chercher à savoir si un événement donné implique une agentivité que de se demander si l'on peut attribuer ses effets à une personne. Et d'autre part, chaque fois qu'on dit qu'une personne a fait quelque chose et qu'il est clair qu'on ne mentionne pas un mouvement corporel de la personne, on traite la personne comme l'agent responsable non seulement de la production de l'événement en question, mais aussi du mouvement corporel qui a produit cet événement. Dans le cas des mouvements corporels, on peut quelquefois s'exprimer elliptiquement en mentionnant la personne et l'événement tout en laissant ouverte la question de savoir s'il était l'agent, comme quand on dit « Dupond est tombé ».

L'effet accordéon est intéressant parce qu'il montre que nous ne traitons pas les conséquences de l'action de la même manière que nous traitons les conséquences d'autres sortes d'événements.

COMMENTAIRE

L'AGENTIVITÉ

Dans cet article sur l'*Agency*[1], Davidson répond implicitement à une critique que l'on a pu faire à sa théorie de l'action. Il avait soutenu et soutient encore dans ce texte qu'une action est un mouvement ou une activité dont une des causes au moins est une raison. Mais alors il semble suffire de relier une raison et un mouvement, et nous aurions une action. Imaginons que nous arrivions à implémenter une raison dans un programme qui par ailleurs déclenche un mouvement, l'ensemble constituerait bien une action. Pourtant, nous n'aurions pas ici d'agent. La théorie semble donc admettre qu'il puisse y avoir des actions sans agents. En effet, elle nous dit que quand nous parlons d'actions, nous renvoyons toujours à un processus causal, qui relie deux événements, une cause et un effet, et qu'au moins une description de ces processus identifie une raison comme cause. On se souvient de son argument : les re-descriptions qui nous donnent des raisons ne sont pas

1. D. Davidson, « L'agir », *Actions et Événements*, trad. fr. P. Engel, *op. cit.*, p. 67-91.

forcément faites dans des termes non causaux; on peut redécrire un événement dans les termes de sa cause. Une raison peut donc être une cause.

Mais alors devrions-nous nous passer de la notion d'agent? Ce serait gênant, parce qu'il faudrait abandonner nos intuitions sur les liens entre l'action et la responsabilité. Ce n'est pas en effet la raison et cause d'un mouvement qui est responsable de ce mouvement, voire de certaines de ses conséquences. C'est bien l'agent qui a fait ce mouvement. Le problème est alors pour Davidson que si nous remontons de causes en causes, nous ne trouverons jamais un agent, mais soit des événements physiques, soit des événements qui « surviennent » sur ces événements physiques, des événements mentaux. Pourtant nous souhaiterions que ce soit l'agent la cause originaire de ses actions. Personne dans un tribunal ne prétendra juger de simples événements mentaux. Une description dans les termes d'événements mentaux nous conduirait à dé-responsabiliser l'agent : telle impulsion lui serait passée par la tête, le contraignant à tel comportement, sans qu'il y puisse grand-chose, puisque aucun autre événement mental n'était venu s'y opposer.

Inversement, renvoyer l'action à l'agent, c'est soit supposer qu'il existe un sujet qui est une sorte de centre origine de toutes les actions qui rayonnent à partir de lui. Pour savoir s'il s'agit d'une action ou non il nous faudrait savoir si un mouvement a son origine dans ce centre mystérieux! Soit nous supposons qu'il existe pour tout individu une instance réflexive qui se charge d'assumer ou non les mouvements qui se produisent dans son corps, et qui, quand elle les assume, les garantit comme siens. Mais alors tant que l'agent n'a pas assumé tel mouvement, nous ne savons pas s'il en est bien l'agent, donc s'il en est bien responsable. L'idée d'une causalité propre à l'agent nous piège donc dans un dilemme. Pour vérifier si l'agent donneur de garantie ne nous a pas trompés ou ne s'est pas trompé, il faut remonter à l'agent origine, et pour savoir si l'agent est bien l'origine, il faut recourir à l'agent donneur de garantie.

Une distinction qui court tout au long de l'article est la suivante : les actions forment une classe d'événements qu'il est possible de définir – il est possible de dire si un événement est ou non une action. En revanche il n'existe pas dans cette classe une sous-classe bien définie d'actions intentionnelles. Les actions en effet sont des événements pour lesquels *une* redescription en termes de raison et donc d'intention est justifiée, une redescription parmi d'autres, et cette classe peut donc être assez hétéroclite.

Il suffit donc qu'un de nos mouvements puisse objectivement se voir assigner une description intentionnelle pour que ce soit une action. Par exemple, trébucher sur le bord du tapis est une action, parce que cela implique un mouvement de marche qui justifie une description intentionnelle. L'autre exemple donné par Davidson est le fait de renverser sa tasse en tentant d'attraper le journal. Le mouvement qui a pour effet de renverser la tasse est bien intentionnel en tant que mouvement de saisir le journal, mais pas en tant que renversement de la tasse. Mais puisque ces deux mouvements sont le même, renverser ma tasse est bien une action. Prétendre que nous pouvons définir une classe d'actions qui sont intentionnelles, en les opposant à celles qui, comme renverser ma tasse, ne le seraient pas, c'est nous conduire à l'incohérence : Hamlet tue l'homme qui est derrière le rideau, et cette action est identique, malheureusement, à tuer le père d'Ophélie, Polonius. Si nous avions prétendu séparer les actions intentionnelles des autres, il faudrait ici dire en même temps que cette action est intentionnelle et qu'elle ne l'est pas.

De fait, je me sens bien responsable d'avoir renversé ma tasse, et Hamlet, pensons-nous, se sent responsable d'avoir tué Polonius. Or pour Davidson, « les attributions d'agentivité sont, dans la plupart des cas, des accusations ou des imputations de responsabilité » [1]. Si nous admettons que le sentiment de responsabilité ne peut être que celui de l'agent d'une action, alors renverser ma tasse est bien mon action.

Davidson a alors trouvé sa définition de l'agent : « un homme est l'agent d'un acte si ce qu'il fait peut être décrit sous un aspect qui rende cet acte intentionnel » [2]. Mais cela revient à admettre que si je suis, en tant qu'individu, l'hôte de certaines raisons et le lieu de certains mouvements, et que l'on puisse relier causalement ces mouvements et les événements mentaux qui incarnent ces raisons, je suis l'agent de ces actions. Davidson accepte cette conséquence. L'agent est donc responsable parce qu'il est le faisceau de causes auquel appartient telle action comme cause de tel résultat. Inversement, quand nous voulons décrire une action à partir de son intention et de sa raison, nous ne visons pas l'action pour son rôle de cause, mais d'abord pour l'effet que nous nous attendons à ce qu'elle produise.

Davidson rencontre alors des tentatives de philosophes qui souhaitent identifier une causalité propre à l'agent en tant qu'origine de l'action. Non seulement je suis le siège de certaines pensées, ou événements mentaux, et de mouvements, mais je suis l'origine de ces mouvements. Il est alors tentant de supposer que pour faire démarrer ces mouvements, j'accomplis une sorte d'action, qui est l'action originaire de ma volonté. En remontant à la source d'une action, nous devrions alors rencontrer une action préalable, qui serait, finalement, que je fais advenir certains événements dans mon cerveau (les

1. *Actions et Événements*, p. 73.
2. *Actions et Événements*, p. 71.

événements mentaux des raisons, et les déclenchements des mouvements). Et l'origine causale de ce faire advenir serait bien cette fois l'agent, et non pas une raison et une cause particulière.

Comme cette origine reste mystérieuse, et que nous hésitons à définir comme une action le fait de faire advenir des événements cérébraux, nous pourrions alors recourir à l'agent réflexif ou certificateur. Pour agir, il faudrait que nous soyons au courant de ce qui se passe dans notre esprit et notre cerveau, et que nous l'assumions. Mais cette version n'est pas plus satisfaisante, puisqu'elle nous obligerait à admettre que les mouvements accomplis par notre appareil phonatoire pour parler ne seraient pas des actions, puisque nous n'en prenons pas conscience.

Dès lors Davidson peut disqualifier la notion d'une causalité spécifique à l'agent, en utilisant le dilemme suivant : soit cette causalité agentive est une action, et c'est donc un processus causal supplémentaire, qui doit être rajouté à celui de l'action que nous avons commencé par identifier, soit ce n'est pas une action. Dans le premier cas, ce processus causal peut être ou non une action. Mais alors il faudra pour cette action un processus causal supplémentaire, etc. Si le processus supplémentaire n'est pas une action, nous aurions alors un processus mystérieux, qui serait une cause, mais pas une action, alors qu'il serait pourtant l'intervention la plus originaire et intime d'un agent.

S'il n'y a pas besoin d'un processus supplémentaire, alors nous devons nous contenter de l'action, tout simplement. Cette action est bien un processus causal, pour lequel une description intentionnelle est valide. Mais tenter de rendre compte de l'originalité de l'agent par rapport à son action en voulant chercher en lui la cause de l'action, une cause différente de la raison de l'action comme processus causal, est une entreprise vaine.

Davidson ici fait d'une pierre deux coups. D'une part, il disqualifie une enquête causale qui voudrait remonter jusqu'à l'agent, en sortant de l'action. Elle n'ajouterait que des mystères et ne produirait aucune explication supplémentaire. Mais cela revient pour Davidson à devoir admettre que sa conception causale de l'action considère le rôle de l'agent comme réductible à l'action.

D'autre part, Davidson remet en avant ce qu'on appelle son « anomalisme ». Il pense en effet qu'il n'existe pas de lois (*nomoi*) du mental, de lois psychologiques. De telles lois nous permettraient de proposer des classes d'événements mentaux, et relier de manière nécessaire un événement mental d'une classe à un événement mental de l'autre. Par exemple étant donnée telle intention, nous aurions telle action. Admettons que pour toute action, il y a un événement mental comme une intention d'agir, et donc un événement physique qui incarne cet événement mental, un événement actionnel qui est un mouvement, et bien évidemment un événement physique qui y correspond. On peut identifier le processus causal qui a lieu entre les deux événements physiques. Il ne s'en suit pas qu'il existe des lois qui relient l'événement intention et l'événement mouvement intentionnel. D'une part, à chaque occurrence du même type d'intention ne correspond pas forcément un même événement physique. Les lois qu'on aurait trouvées au niveau physique pourraient constituer un ensemble hétéroclite, qui ne nous permette pas de déterminer des lois mentales. Et surtout, puisque l'action est action dès qu'un processus causal identifiable est susceptible d'une description en termes d'intention, nous avons beaucoup trop de manières d'assurer cette redescription pour pouvoir espérer qu'elles se laissent ranger dans des classes dépourvues d'exceptions et qui permettent de mettre en place des lois.

Comme le dit Davidson, la causalité qui est en jeu quand nous définissons l'action comme un processus causal est la causalité ordinaire, c'est-à-dire, comme il l'a rappelé plus haut, « la relation, quelle qu'elle soit, qui unit deux événements dont l'un est la cause de l'autre »[1]. Cette relation n'implique pas de loi, elle n'implique même pas de régularité, puisqu'il n'est pas spécifié que les deux événements doivent appartenir à des types bien identifiés et rassemblant des événements similaires. Elle peut avoir lieu entre deux événements singuliers, sans qu'il soit besoin qu'elle puisse se répéter entre deux événements ressemblant aux premiers.

Il faut insister sur le passage : « la relation, quelle qu'elle soit ». En effet, Davidson pose cette relation causale comme une hypothèse (une hypothèse correcte, si nous avons bien affaire à une action), du moins pour ce qui concerne d'une part la relation, d'autre part la cause. Il doit exister quelque part, même si nous n'avons aucun moyen expérimental d'y accéder, une relation causale. Si nous avons affaire à une action, la relation causale doit pouvoir présupposer qu'il existe une raison qui est cause. Mais là aussi nous n'avons pas de moyen de vérification. En revanche, nous avons de nombreux moyens de vérifier les effets de l'action et de sa cause. Et c'est pourquoi Davidson dit que cette causalité ordinaire que nous utilisons pour comprendre l'action concerne les effets et non pas les causes. Davidson nous montre que la remontée qui nous tenterait vers ce qui serait un amont des actions, et même de leurs raisons, cette remontée vers une cause suprême qui serait l'agent est une impasse. Elle ne peut rien ajouter à notre enquête, puisque celle-ci doit se borner à présupposer qu'il existe une cause qui est une raison, et que tenter d'aller au-

1. *Actions et Événements*, p. 75.

delà ne fait qu'ajouter des paradoxes et nous piéger dans des dilemmes. Davidson nous invite donc à rebrousser chemin, et à regarder vers les effets.

Il envisage alors « l'effet accordéon ». C'est l'idée que nous pouvons avoir plusieurs descriptions d'une action, et que ces descriptions peuvent inclure des effets plus ou moins lointains. Mais toutes ces descriptions, qui n'ont pourtant pas le même contenu factuel, sont toutes des descriptions de *la même* action. C'est une propriété étrange, puisqu'elle ne peut pas valoir pour des événements physiques. Dans ce cas, en effet, à chaque événement, nous devons associer le degré de détail et les limites de sa description. Pour reprendre l'exemple de Davidson, si la batte de base ball a heurté la balle, projetée ainsi vers la vitre, et que le choc de la balle sur la vitre a cassé la vitre, dire que la batte a cassé la vitre serait inexact, si nous ne mentionnions pas tout le processus. Pour les événements physiques, nous devons, si nous souhaitons parler de processus causaux, indiquer les événements dans leur continuité, et non pas sauter du démarrage du processus à son terme. Procéder ainsi serait parler de manière elliptique voire confuse. Au contraire, nous pouvons dire que Durand a cassé la vitre, en sautant de celui qui a impulsé un mouvement à la batte jusqu'au bris de la vitre. Et si nous disons simplement que Durand a imprimé un mouvement à la batte, ou qu'il a lancé la balle, etc. il s'agira toujours de la même action.

Mais il peut y avoir deux justifications à cette possibilité de saut par-dessus la chaîne des causes et des effets. La première, c'est que c'est le même agent qui est à l'origine de toute cette chaîne. La seconde, c'est qu'il s'agit d'une même action. La première est en accord avec nos intuitions sur la responsabilité de l'agent, du moins à première vue, mais aussi avec l'idée que pour toute action, nous devrions faire un pas de plus vers l'amont et remonter jusqu'à l'agent, idée dont Davidson a montré qu'elle était vaine.

Davidson va alors, dans la suite de l'article, habilement réutiliser des arguments voisins de ceux par lesquels il a disqualifié cette tentative de remonter jusqu'à une causalité spécifique de l'agent, et ce pour justifier la deuxième interprétation : il s'agit bien d'une même action. À vouloir remonter vers l'agent, il faudrait, quand j'accomplis une action, par exemple fermer une porte, que non seulement je fasse en sorte que la porte soit ouverte, mais en plus que je fasse quelque chose d'autre, par exemple mouvoir ma main vers la poignée de la porte, etc. Or cela est en contradiction avec l'idée que mouvoir ma main vers la poignée, et la suite de mouvements nécessaires, est identique avec l'action d'ouvrir la porte, idée qui est pourtant soutenue par l'hypothèse de l'effet accordéon : quelque restreinte (ou étendue) que soit la description que je fais de l'action, il s'agit toujours de l'action d'ouvrir la porte. Sinon, nous serons tenté de remonter encore en amont de ce segment, vers les activités cérébrales internes qui ont déclenché ce mouvement. Nous serons donc tenté de nous arrêter à une décision ou volition, puis de redescendre vers le reste de l'action, en nous assurant qu'à toute étape de l'action, la réalisation est bien en accord avec la volition initiale. Cela seulement assurerait que l'agent contrôle l'action, et donc que l'action est bien la sienne.

Mais alors, dit Davidson, cela revient à comprendre l'action selon une modalité de formulation que nous trouvons chez Kenny[1] : l'agent a « fait en sorte que tel état de chose arrive », et en particulier, il a fait en sorte de se rendre lui-même cause de l'action. Mais, dit Davidson, ce « faire en sorte que » est un supplément inutile. Si en mouvant ma main, etc. j'ai ouvert la porte, mouvoir ma main de cette façon est suffi-

---

1. A. Kenny, *Action, Emotion and Will*, London, Routledge, 1963, chap. 7.

sant pour ouvrir la porte, et « faire en sorte que je me rende cause de ce que je meuve ma main » [1] n'ajoute rien que des complications philosophiques obscures. « Quand je ferme la porte par un acte de libre volonté », il n'existe « personne, y compris moi-même, qui normalement me cause à fermer la porte, ni aucune action préalable ou autre de ma part qui me cause à fermer la porte » [2]. L'action de fermer la porte n'est donc pas un effet de mon action antérieure de mouvoir ma main. En mouvant ma main et en fermant la porte, je n'accomplis pas deux actions différentes, mais la même action.

Puisque l'effet (la fermeture de la porte) et le mouvement de ma main font partie de la même action, et puisqu'il n'y a pas de causalité supplémentaire de l'agent par rapport à celle de son action, nous pouvons donc dire qu'« un agent cause ce que ses actions causent ».

Cette proposition n'est admissible que si nous insistons sur le terme « action ». Car il est faux de dire qu'un agent cause ce que les effets de ses mouvements causent. Comme le rappelle Davidson dans son exemple, si l'officier a été poussé et est tombé la commande du lance-torpille, alors il n'est pas responsable, parce que cet événement n'est pas susceptible d'une description qui puisse exhiber une intention de sa part.

Davidson ne dit pas que l'effet accordéon permet de déterminer quels mouvements sont des actions et quels autres ne le sont pas, ni quelle serait la causalité d'un agent, par opposition à celle d'un non agent. Davidson dit bien que « comme critère, l'effet accordéon ne peut guère être considéré comme satisfaisant » [3]. L'effet accordéon est simplement une marque de l'agentivité. Ce pourrait donc être aussi bien un simple symptôme qu'un critère. Si nous traitons une suite de

---

1. *Actions et Événements*, p. 85. Je modifie légèrement la traduction.
2. *Actions and Events*, p. 56 ; p. 85 de la traduction.
3. *Actions et Événements*, p. 82.

mouvements comme un cas d'agentivité, alors nous allons rechercher un agent, et donc nous rentrerons dans la logique de l'effet acccordéon. Inversement, si nous sommes rentrés dans la logique de l'effet accordéon, alors nous sommes en train de traiter cette suite de mouvements comme renvoyant à un agent. Si nous mentionnons seulement la personne et le résultat qu'elle a obtenu, en sautant par-dessus la suite de mouvements, cela implique que nous la considérions non seulement comme agent du résultat, mais aussi des mouvements intermédiaires, qui appartiennent donc à l'action. En revanche quand nous mentionnons seulement le mouvement, nous n'impliquons pas forcément qu'il s'agisse d'une action.

Puisque l'effet accordéon se borne à nous révéler que notre manière de penser et de parler implique l'hypothèse que nous traitons une suite d'événements comme une action rattachée à un agent, il nous faut trouver ailleurs une justification de cette hypothèse. Et c'est bien évidemment la validité d'une description intentionnelle de l'action. Là encore Davidson montre que notre remontée vers l'agent a pour seule base notre entrée par les actions, ces processus causaux impliquant des mouvements et qui sont accomplis pour et par une raison.

Mais le lecteur, en lisant le texte et ses exemples, a sûrement été intrigué par certaines conséquences de l'effet accordéon. La plus saillante est que notre officier, quand il appuie sur le bouton en croyant par là appeler le steward pour le thé, et que ce bouton est celui du lance-torpille, a bien commis l'action de couler le navire de guerre atteint par la torpille. Nous dirions sans doute qu'il en est responsable, mais nous avons peut-être quelques réticences à considérer le torpillage du Bismarck comme une action de l'officier. Il semble que l'effet accordéon conduise Davidson à admettre que la série infinie des conséquences d'un mouvement qu'une seule description intentionnelle permet de considérer comme une action fait toujours partie de la même action.

Davidson a évidemment pensé à cette conséquence proche de l'absurdité. Mais comme à son habitude il ne l'affronte pas explicitement. Il met simplement en place un contre-feu à cette objection, et laisse au lecteur le soin de s'apercevoir que l'objection a bien ainsi été sapée à sa base.

Il note d'abord qu'il ne faut pas confondre l'événement et la description de l'événement [1]. L'action est l'événement. Les descriptions de l'action peuvent faire référence à d'autres entités que l'action pour lui donner une signification. Les conséquences auxquelles une description fait référence ne font donc pas forcément partie de l'événement action. L'effet accordéon ne consiste donc pas à étendre ou restreindre l'événement action lui-même, mais seulement à diminuer ou accroître l'aura de descriptions qui peuvent recourir à des éléments très variés, et qui toutes vont parler de l'action, à condition bien entendu qu'elles conservent un noyau commun entre elles, et que ce soit l'événement de l'action.

Mais alors, qu'est ce que cet événement de l'action ? C'est seulement le mouvement qui peut être comme processus causal l'objet de la description intentionnelle, et donc dont la cause est une raison. Mais ces effets dont la cause directe est une raison, ce sont nos mouvements intentionnels, et eux seuls. L'événement de l'action est donc toujours une action « primitive », c'est-à-dire ce que nous accomplissons sans faire autre chose que ce mouvement guidé par notre raison d'agir. On le voit, l'objection même qui servait à Davidson pour disqualifier la recherche d'une causalité par laquelle l'agent se ferait agir lui sert aussi pour délimiter les actions primitives.

Au départ, nous voulions expliquer la notion de responsabilité en remontant plus haut que l'action, en remontant à

---

1. *Actions et Événements*, p. 87.

l'agent. Davidson nous a donné des arguments qui montrent que l'ancrage de cette quête de responsabilité est toujours simplement une action dans sa plus grande simplicité : un mouvement qui a pour cause une intention, au moins sous une description de cet événement. À partir de cette description noyau, nous pouvons développer des descriptions aussi étendues des conséquences de l'action que nous le voudrons. Et c'est cette capacité de rattacher les conséquences de l'action à l'action intentionnelle primitive que nous nommons « agentivité ». Pour résumer, Davidson a préféré considérer comme irréductible, pour traiter de l'action, le recours à une intention, plutôt que le recours à l'agent, et il a remplacé l'agent par la propriété d'agentivité.

LA RESPONSABILITÉ

Cette approche élimine bien des conceptions confuses. Mais rend-elle compte de manière satisfaisante du lien que nous faisons entre « agent » et « responsabilité » ? Envisageons des variantes de l'histoire de l'officier. Supposons (ce qui rendrait l'exemple plus crédible) qu'un technicien mal intentionné ou peu attentif ait relié la véritable commande du lance-torpille au bouton utilisé habituellement par notre officier pour appeler le steward. Jugerions-nous l'officier responsable d'avoir coulé le Bismarck ? Ce serait plutôt le technicien en question que nous jugerions responsable. Dans ce cas de figure, nous avons deux actions intentionnelles, celle du technicien, qui relie les deux commandes, et celle de l'officier, qui appuie sur le bouton d'appel du steward. À laquelle des deux devons nous remonter pour assigner la responsabilité du torpillage ?

Il reste bien vrai, cependant, que nous considérerons l'officier comme « impliqué » dans l'affaire du torpillage. Ces histoires de bouton ne sont pas des rêveries de philosophes. L'accident de l'Airbus qui s'est écrasé en Alsace a été attribué à ce que des informations du tableau de bord des Airbus de l'époque étaient faciles à confondre (ce qui est assez similaire à des boutons qui seraient trop proches l'un de l'autre et faciles à prendre l'un pour l'autre).

Mais la question est alors, pourquoi jugeons nous le technicien ou les ingénieurs qui ont conçu le tableau de bord de l'Airbus de l'époque plus responsables que le pilote ? Deux réponses sont possibles. La première est que le technicien a introduit un élément anormal dans le monde normal des usages du pilote, alors que le pilote n'a fait que suivre les normalités de son monde usuel. La seconde est, si nous revenons à notre officier, que le technicien, s'il était mal intentionné, avait pour but que l'officier lance la torpille, alors que l'officier avait pour but d'appeler le steward pour le thé. La seconde réponse pourrait être celle de Davidson : si vous voulez résoudre des problèmes en théorie de l'action, votre seule entrée est le mouvement intentionnel accompli pour une raison ; regardez donc la raison, qui est ici le but. Mais si le technicien a seulement commis une erreur, et que son but ait été par exemple de raccourcir la longueur des câbles utilisés, parce qu'il voulait limiter la dépense qui consistait à les envelopper d'une gaine protectrice contre les effets d'un orage magnétique, son but était tout aussi innocent que celui de l'officier. La réponse serait alors que c'est lui qui avait introduit une erreur, et non l'officier.

Mais nous pouvons poursuivre nos variations, et considérer les conséquences d'actions à plus long terme. Nous rencontrerons alors des erreurs d'estimation des conséquences possibles, et nous pourrions d'ailleurs imaginer une telle erreur chez notre technicien, qui n'aurait pas pris en compte des interférences entre les câbles, avant qu'il les ait gainés. Mais si nous regardons suffisamment loin dans les conséquences, tous les agents impliqués vont avoir fait des erreurs d'estimation. Certes, mais alors tous seront responsables.

Cependant, si nous ne pouvons plus assurer la traçabilité de la responsabilité jusqu'à des individus, nous n'allons pas dans tous les cas parler de responsabilité collective. Nous ne le ferons que si les conséquences sortent de la normale. Et nous voilà finalement revenu à notre première réponse. Elle est différente de celle de Davidson, qui présuppose que la notion de responsabilité est une notion de tout ou rien : si une de vos actions intentionnelles vous a impliqué dans un réseau de conséquences, alors vous êtes responsable, même si pénalement, voire moralement, cela n'entraîne pas de jugement évaluatif.

Le problème ne se pose pas seulement pour des responsabilités collectives engageant une foule d'individus. Il se pose aussi pour un seul individu, si l'on admet comme unique entrée du problème de la responsabilité une action intentionnelle. Puisque nous nous passons de la notion d'unité de l'agent, et que nous nous appuyons sur la notion d'unité de l'action, nous devons admettre que différents processus et raisons soient en jeu en amont de l'action (du mouvement effectué pour une raison). Supposons qu'une pensée de ce réseau amont soit intentionnelle. Par ailleurs elle aura des conséquences qui tiennent à d'autres processus, certains intentionnels, d'autres non. Et le résultat sera un mouvement qui a une raison, et qui est donc une action primitive. Si nous jugeons la personne responsable de cette action, ce sera donc, de manière symétrique au cas de la responsabilité collective, parce que nous n'arrivons pas à savoir laquelle des intentions de ce réseau est la plus responsable de l'action. Si nous arrivions à définir le réseau, nous pourrions en revanche montrer que telle intention était innocente en elle-même, mais qu'un lien non intentionnel a fait qu'elle a déclenché une autre intention. Des causes sans raisons s'étant mêlées à nos raisons, l'action finale s'en est produit. Mais cette «division de l'esprit», à laquelle Davidson a eu recours pour expliquer d'autres phénomènes comme la «faiblesse de la volonté», devrait nous déresponsabiliser partiellement au moins, par symétrie avec le peu d'impact d'une responsabilité collective diluée.

Il faut donc distinguer la notion d'implication dans les conséquences d'une action, qui est l'objet d'un jugement par tout ou rien, et qui se focalise sur les seules actions primitives, et la notion de responsabilité, qui est l'objet d'un jugement gradué, et qui exige de recourir à des connaissances sur ce que sont les actions normales dans tel contexte. Mais alors nous devrions aussi distinguer plusieurs notions d'agentivité. C'est ce que nous permet de faire notre analyse des activités motrices. L'individu qui a produit un mouvement et dont une des raisons peut être considérée comme la cause de ce mouvement est un agent sur le mode du tout ou rien. Cela correspond dans nos analyses au niveau de l'intention motrice, avec sa combinaison d'une cible, d'une motivation ou raison, et d'un mouvement. Mais l'agent ne se borne pas à lancer son mouvement. Il le guide et le contrôle en cours d'action. Pour reprendre l'exemple de Davidson, si je m'aperçois qu'en tendant la main pour saisir le journal, je risque de renverser ma tasse de café, je vais procéder à une mise à jour de mon mouvement. Et ce contrôle qui assure le suivi de l'action et ses ajustements apparaîtra aux yeux d'autrui, comme à ceux de l'agent, comme une preuve de sa responsabilité dans cette action. Inversement, si l'action était un mouvement tel qu'aucun ajustement en cours d'action n'était possible (par exemple avoir lancé un objet lourd alors que personne n'était dans notre vue, mais soudain quelqu'un apparaît qui le reçoit sur la tête), nous considérerons que notre responsabilité est atténuée.

Mais pour l'essentiel les problèmes difficiles des questions de responsabilité ne se posent pas dans la sphère de nos mouvements immédiats. Savoir qu'a eu lieu telle action primitive nous sert de test pour démarrer l'enquête de responsabilité, mais non pas pour la conclure. Si nous prenons pour repère le lancement de l'action, nous prenons comme autre repère l'atteinte du but de l'action, et nous distinguons cela de ses effets secondaires. Le but est l'alliance de la cible, de la satisfaction de la motivation, et ce qui ne nécessite plus de mouvement supplémentaire. Si je tire sur une cible, le but est l'atteinte de la cible, et si ma balle ricoche, c'est un effet subséquent. Si je marche sans but, aucun de mes pas isolément ne nécessite de mouvement supplémentaire à ce pas, et rien ne fixe précisément de terme à la succession de pas, mais c'est cela la modalité de ce but de « marcher sans but ». Mais des actions un peu plus sophistiquées peuvent introduire une déconnexion entre mouvement et but. Si mon but est que l'ailier de l'équipe marque un essai, et que je suis un avant, mon mouvement peut être de pousser le maul, sans même avoir la balle. Il faudra d'autres mouvements d'autres agents pour relier ce mouvement à mon but. Ils peuvent être considérés comme introduisant de possibles bifurcations, mais les révisions qui gèrent ces bifurcations reconvergent toujours vers le même but, si bien que nous pouvons considérer tout cela comme la même action – collective. En revanche, les effets subséquents – par exemple le fait que les supporters de l'autre équipe vont casser des bancs dans le stade- ne reconvergent pas vers ce même but. Il y a donc de ce point de vue une grande différence de responsabilité entre l'officier qui appuie sur le bouton avec le but d'avoir du thé, et le technicien qui a trafiqué le bouton pour le relier à celui du lance-torpille. C'est seulement le second qui a le but de torpiller *via* l'action de l'officier. Davidson ne tenait pas compte de cette reconvergence de l'action sur son but, mais seulement du mouvement lancé, et le but ne lui servait qu'à introduire une description intentionnelle qui en faisait une action.

Pour mener notre enquête sur les degrés de responsabilité, nous devons utiliser comme outils d'analyse les différences que nous avons faites entre les niveaux de l'action. Si le mouvement en cause a pu être produit par une poussée extérieure, ou même par une stimulation cérébrale, mais d'origine externe, nous dédouanerons l'agent de sa responsabilité. Si quelqu'un fait des mouvements similaires à ceux que nous ferions si nous voulions réarranger notre posture pour une action, sa responsabilité est clairement engagée et il peut difficilement prétendre avoir accompli la suite de l'action involontairement. Progressons maintenant au deuxième niveau. Si notre homme n'est pas capable de guider et d'ajuster son action en cours de route, en raison de diverses déficiences, nous le jugerons moins responsable. Mais s'il en est capable et ne l'a pas fait, sa responsabilité sera accentuée (par exemple, le grimpeur de Davidson est responsable d'avoir lâché sa prise sur la corde, ce qui a entraîné la chute de son compagnon). Hamlet, après son premier coup d'épée à travers le rideau, ne peut plus prétendre qu'il s'agit d'un rat, qui n'offrirait pas la même résistance au mouvement de l'épée que Polonius. Or Hamlet ne fait pas les ajustements nécessaires en fonction de ces informations que lui donne son corps en cours d'action.

Le troisième niveau est le plus intéressant, non seulement pour lui-même, mais parce qu'il permet de reprendre à nouveaux frais les précédents. Que voulons nous dire quand nous atténuons la responsabilité si l'agent était dément, ou sous l'emprise d'une impulsion irrésistible, etc. au moment de l'action? Pourtant, cela n'exclut nullement qu'il ait été l'hôte d'une intention motrice, qui fait bien de lui un agent de l'action, en prenant agent au sens minimal du terme. Mais nous supposons qu'il ne disposait pas des capacités de révision qui lui auraient permis de résister à cette impulsion.

Si nous n'avons pas révisé notre action pour lui permettre d'atteindre son but malgré un obstacle que nous pouvions éviter, nous sommes responsables (par exemple si nous avons simplement tenté de retenir la corde en serrant la main, ce qui était insuffisant, au lieu de faire un tour mort autour d'un becquet de rocher qui était à notre portée). Si nous l'avons révisée de manière à ce que malgré les obstacles nous arrivions à notre but (supposons que le neveu ait en fait parcouru les rues avec sa voiture pour retrouver son oncle parti par un chemin qui ne lui était pas habituel et enfin l'écraser) nous considérons la responsabilité comme aggravée. C'est là un signe de ce que l'on nomme préméditation. Elle est liée à tous les préparatifs qui consistent à disposer nos moyens de telle manière qu'ils puissent surmonter divers obstacles possibles. Plus nous avons mis en place de dispositifs alternatifs, plus nous sommes responsables.

Nous pouvons ne pas avoir assuré nous-même toutes les étapes des chemins actionnels qui ont conduit au résultat et être fortement responsable. Pour évaluer ce degré de responsabilité « à distance », nous allons réutiliser, dans le cadre des révisions, les distinctions entre réarrangements, mises à jour et révisions. Ainsi, lorsque nous avons procédé à des réarrangements des capacités des différents acteurs, ou contrôlé ces réarrangements, ou assuré certaines révisions qui débloquaient des obstacles à ces réarrangements, et que cela favorise le résultat, nous sommes responsables même si ce sont ces autres acteurs qui ont obtenu le résultat. De même, nous pouvons avoir assuré de temps à autre des révisions qui permettaient des mises en jour du cours de cette action qui utilisait le relais de plusieurs acteurs, et cela renforce encore notre responsabilité. Enfin, nous pouvons avoir procédé à des révisions de nos plans (donc de nos révisions anticipées), en fonction des défaillances des uns et des autres. Et c'est là une responsabilité maximale. Lors de l'affaire du sang contaminé, il a été décidé de continuer à diffuser des lots contaminés sans les chauffer de manière à atténuer les risques, et cela en connaissant ces risques. Ceux qui ont pris cette décision savaient que leur but (assurer au maximum la santé publique) était mis en danger par la contamination, et ils ont estimé qu'une action dont il s'est révélée qu'elle constituait un grave danger pour ce but pouvait être la réponse à l'apparition de ce danger. Ils ont donc révisé un plan qui aurait consisté à changer de stratégie pour mieux assurer la santé publique, et cela pour poursuivre malgré tout le fonctionnement du système de récolte et de transfusion sanguine. C'est un cas de responsabilité très élevée, alors même que les résultats malheureux de cette décision n'ont été obtenus que par des subordonnés qui étaient rarement au courant du problème.

Nous raisonnons en fonction des révisions mises en jeu même quand nos problèmes concernent des modifications qui affaiblissent nos capacités de contrôle de l'action. Dire que quelqu'un était sous l'emprise d'une impulsion, c'est dire qu'il était incapable de réviser ses intentions préalables, voir qu'il était incapable de telles intentions. Pourtant il a pu procéder dans son action à des réarrangements et des mises à jour. Ce que nous supposons, c'est que ses intentions motrices, qui dictaient ces ajustements, bloquaient ses révisions. Mais nous pouvons aussi raisonner à l'inverse, et penser qu'il n'est pas capable de réarrangements mentaux qui lui permettraient des révisions, ou encore qu'il n'est pas capable de maintenir suffisamment son attention dans le décours d'une activité pour permettre des révisions. Plus nos capacités de révisions sont

minées à la base (par exemple par l'impossibilité de réarrangements, comme lors de déficits frontaux), moins nous sommes
considérés comme responsables. Ainsi nous utilisons les
différenciations entre nos niveaux d'intention dans l'action,
et nous les recombinons même entre elles, pour avoir une
appréciation fine des degrés de responsabilité.

Jusqu'à présent nous avons étendu le concept de responsabilité au-delà de nos propres mouvements, mais pas au-delà
de la clôture sur le but de notre action. Mais nous pouvons
l'étendre aux effets subséquents ou collatéraux. Certes, notre
responsabilité est d'abord diminuée. Si notre action a eu, au-
delà de son but, un effet qui exigeait la connexion de cette
action avec d'autres changements, que ce soit des modifications naturelles, ou bien des actions d'autrui, et que nous ne
soyons pas à l'origine de ces changements, notre responsabilité diminue, dans la mesure où nous étions incapable de
procéder aux réarticulations nécessaires. Si j'ai laissé un
pistolet sur la table avec une seule balle, qui n'est pas dans le
logement qui assure un tir immédiat, je suis moins responsable
de ce que celui qui a pris le pistolet pour jouer tue son partenaire, que si j'avais laissé toutes les balles, mais je le suis plus
que celui qui avait rangé le pistolet déchargé (même si celui-ci
est toujours impliqué, s'il avait acheté le pistolet).

Pour que l'on me tienne pour responsable, il n'est pas
nécessaire, comme dans l'exemple précédent, que ces effets
soient prévisibles par l'agent. Il suffit qu'il existe une pratique
suffisamment répandue dans notre communauté, ou suffisamment accessible, et qui a pour effet de parer aux conséquences
néfastes du type d'action que nous allons entreprendre. Ainsi,
dans l'affaire du sang contaminé, il existait une technique (celle
du réchauffement) qui permettait de parer aux effets néfastes.

Plus nous considérons des effets de l'action qui sont hors
de portée de nos capacités d'ajustement ou de révision, moins

nous avons tendance à nous juger responsables. Mais il reste que si savons d'avance que nous ne pourrons procéder à des ajustements et révisions, et que l'action entreprise présente des risques importants de produire ces effets lointains, nous avons alors à envisager une révision de notre choix lui-même, et à changer d'action, ou à prendre des précautions supplémentaires qui diminuent ces risques. Les effets lointains, quand ils sont prévisibles, font en effet partie des plans que nous envisageons préalablement à l'action même s'ils sont au-delà de notre but. On peut dire que plus les effets lointains sont probables, plus nous devons remonter en amont de l'action pour nous préparer soit à l'abandonner soit à la préparer en rajoutant des précautions préalables. Plus une action a une arborescence vers l'aval forte (au sens où les effets possibles ont de l'importance pour les buts humains), plus ses racines vers l'amont doivent être développées pour émonder les rameaux négatifs de l'arbre. Cela reste conforme à l'idée de Davidson que c'est bien l'action qui est centrale, mais il serait très dommageable d'en rester à une responsabilité par tout ou rien, parce qu'elle nous démobiliserait de tout effort en amont pour parer aux conséquences futures néfastes de l'action, sous le prétexte que toute action aura forcément des conséquences funestes proches ou lointaines.

LES ACTIONS DES AUTRES

Ces analyses nous permettent de mieux comprendre trois questions : celle du rôle du hasard dans les actions, celle de la reconnaissance des actions des autres, et celle des actions collectives.

Selon Mele, plus la réussite d'une série de mouvements exige la participation de la chance, moins nous considérons cette série comme une action d'un agent autonome[1]. En revanche, il n'est pas nécessaire, pour que mon action soit intentionnelle, que je m'attende à atteindre mon but sans avoir besoin d'un concours favorable de circonstances, et que je n'entretienne pas la croyance que probablement je ne vais pas réussir à atteindre mon but. Enfin, il semble que, lorsqu'une action a produit un résultat avec l'aide du hasard, nous jugions plus facilement cette action comme intentionnelle quand nous évaluons son résultat comme moralement mauvais que lorsque notre évaluation est moralement neutre[2]. Pacherie note à juste titre que même si l'action est réussie sur un coup de chance (comme un record du monde), notre degré d'entraînement, et le fait que nous ayons déjà obtenu des résultats assez proches, la rendent intentionnelle. Mais il faut aller plus loin : même si un débutant réussit un panier à 3 points au basket, son action était intentionnelle. C'est seulement sa responsabilité est qui diminuée (et donc son mérite), puisqu'il est incapable de tous les réarrangements, ajustements et révisions qui assurent la réussite de ce tir de loin dans différentes circonstances, et même dans les circonstances les plus favorables. Je peux donc juger que très probablement je vais échouer – ce qui implique que je n'ai pas un répertoire suffisant d'ajustements et de révision à ma disposition –, et engager une action intentionnelle, puisque mon intention motrice sera bien dirigée vers ce but ; mais je serai faiblement responsable de la réussite de cette action. Enfin ce n'est pas que nous jugeons intentionnelle plus facilement une action dont le résultat est mauvais moralement, c'est simplement que nous jugeons plus facilement ses auteurs comme responsables, puisque nous sommes supposés prendre

1. A. Mele (ed.), *The philosophy of action*, Oxford, Oxford University Press, 1997.
2. Malle, Moses and Baldwin (éd.), *Intentions and intentionality, a Bradford Book*, Cambridge, MIT Press, 2001, p. 32, 34, 40.

plus de précautions et disposer d'un plus vaste répertoire de révisions quand notre action risque d'obtenir des résultats néfastes moralement que quand ses résultats sont neutres.

Comme Gallese et Pacherie, nous soutenons que nous pouvons percevoir des mouvements d'autrui comme intentionnels, comme des actions. Pour cela, il faut que nous puissions identifier des cibles, qui seraient pour nous aussi des cibles prégnantes, liées à des motivations et des types de mouvements, et/ou que nous disposions dans notre propre répertoire moteur des types de mouvements en question. Si nous pouvons identifier la cible, il n'est pas nécessaire que nous disposions de tout le mouvement dans sa complexité, mais seulement de mouvements partiellement similaires. Ainsi je peux identifier la trajectoire qu'est une pirouette, et je pourrai donc voir comme intentionnel le mouvement d'un patineur qui réalise un triple axel, sans disposer de ce mouvement moi-même, mais seulement d'un début de saut tournant sur moi-même. Les neurones-miroirs, qui s'activent aussi bien pour nos actions que pour des actions des autres similaires, semblent servir de ponts entre nos perceptions et nos répertoires de mouvements, si bien que nous percevons directement ces mouvements comme intentions motrices. Cela nous suffit-il pour percevoir les autres comme agents ?

Comme la notion de responsabilité, la notion d'agent a une racine qui est du type tout ou rien, et des développements qui sont graduels. Si j'ai une intention motrice, je suis un agent au sens du tout ou rien, et de même autrui en est un si je perçois son mouvement comme intentionnel. Mais ensuite, un agent qui ne disposerait que d'intentions motrices serait bien limité ; c'est l'agentivité du crapaud qui lance sa langue vers une cible noire en mouvement. Si je peux réarranger mes postures et mettre à jour mes mouvements, je suis plus agent que ce crapaud. Il en est de même pour les mouvements d'autrui.

Nous percevons déjà de simples ronds doté d'une protu-
bérance triangulaire comme « agents » quand nous les voyons
« suivre » avec leur « bec » les mouvements d'autres ronds, ou
pousser ces autres ronds. Nous ne voyons cependant pas ces
mouvements comme des actions, et c'est parce qu'il nous
manque les motivations. Et ces entités ne sont pas suffisamment articulées pour que nous puissions estimer leurs capacités
de réarrangement de leur posture. Les mouvements des autres
humains, au contraire, assurent non seulement ces réarrangements, mais aussi des mises à jour comme la gestion de l'inertie liée aux mouvements, ou en général ce qui assure la fluidité
des mouvements et le maintien de l'équilibre. Mais évidemment le critère d'agentivité le plus décisif pour nous est l'observation de révisions, ce qui implique une capacité de détour par
rapport à un obstacle pour reconverger vers le même but.

Nous assignons donc des degrés d'agentivité aux autres en
strict parallèle avec l'agentivité dont nous nous découvrons
capables, en progressant des intentions motrices, *via* les ajustements ou mises à jour, jusqu'aux révisions. Si nous obser-
vons chez autrui un processus de révision qui implique un
détour dont nous n'apercevons la finalité qu'une fois la reconvergence vers le but assurée, nous reconnaîtrons qu'autrui
était un agent plus complexe que nous ne le sommes. Il en est
ainsi au jeu d'échec, quand nous n'avons pas vu les détours de
la stratégie de l'adversaire, et que nous nous sentons incapa-
bles de construire par nous-mêmes de tels détours.

Cette graduation de l'agentivité nous permet d'aborder
le problème des *actions collectives*. Nous pouvons partir
d'actions coordonnées, où nous agissons en présence les uns
des autres (par exemple pour transporter un meuble à deux
dans un escalier, sans heurter les murs). Nous devons alors
avoir confiance dans les réarrangements et ajustements
d'autrui, mais aussi intervenir pour des révisions quand il nous

semble que nous allons heurter un mur et nous trouver coincés. Si nous sommes très habitués à ce genre de tâche (nous sommes des déménageurs) nous aurons mis au point des réarrangements et ajustements plus complexes, tenant compte de la perception des mouvements d'autrui, qui ne nécessiteront plus de recours à des révisions : nous agirons « comme un seul homme ». Mais nous pouvons aussi être coordonnés sans être en présence l'un de l'autre. Cela veut dire que nous avons confiance dans la capacité d'autrui à faire des révisions qui reconvergeront avec notre but conjoint. Mais dès lors, nous ne disposons plus que des révisions, et non des ajustements, pour assurer cette reconvergence. Il se peut encore que dans cette coordination, il nous faille compter sur des agents anonymes, que nous ne rencontrerons jamais. Cela a des répercussions sur les conditions de réalisation de l'action. Une action dont le but conjoint implique la convergence d'acteurs dont certains sont anonymes les uns pour les autres doit forcément se donner un plus riche répertoire de révisions, puisque les variations des situations locales peuvent être plus importantes, les détours multiples, et les reconvergences plus lointaines. Cela veut dire qu'une telle action implique d'une part des préparations en amont plus ramifiées ; qu'elle exige aussi que l'atteinte du but soit définie moins strictement, avec une marge d'approximation qui laisse possible la reconvergence ; enfin que cette marge d'approximation rétroagisse sur un renforcement des préparations, si *in fine* les conditions d'atteinte du but restent restrictives (comme l'édification du pont de Millau). Nous aurons là une action collective, puisque les déterminations des actions des individus se font en fonction du but collectif et des conditions d'anonymat des agents les uns pour les autres. Les agents individuels ne peuvent que s'ajuster localement les uns aux autres. Ils ne peuvent pas procéder à des révisions fines par rapport au développement de l'action collective parce qu'ils n'en connaissent pas les détails, ils ne peuvent que tolérer des variations, jusqu'au moment où ils jugent que la reconvergence vers le but commun devient impossible. Nous pouvons ici parler d'un acteur collectif, mais seulement dans la mesure où cette tolérance implique une confiance dans la réussite de l'action collective, alors même que chaque agent a des informations locales sur les actions individuelles observables qui lui montrent que les chances d'un échec collectif sont importantes. La réussite collective apparaît alors comme un surplus auquel chaque agent participe par son action personnelle, mais sans qu'il puisse penser mériter ce surplus, puisque son degré de responsabilité, même s'il a assuré un maximum de révisions, n'est jamais au niveau de l'action collective (la somme des actions individuelles observées par lui ne suffisant pas). Sauf à supposer que la réussite collective était due à des circonstances extérieures aux acteurs, nous devons alors admettre un acteur collectif, comme porteur de ce mérite et de cette responsabilité, qui sont dès lors collectives. En revanche, nous n'avons pas pour autant à prêter à cet acteur des intentions collectives. L'aspect intentionnel de l'action collective est déjà assuré par le fait que les actions individuelles soit visent la convergence vers un but collectif, soit admettent qu'on puisse utiliser leurs résultats pour ce but collectif. La visée du but collectif est toujours le fait des individus, même si la réussite ou l'échec de ce but donne lieu à une responsabilité et donc à un acteur collectif.

TEXTE 2

ARISTOTE
Éthique à Nicomaque, VII, 5, 1147 b 30-1148 a 18 [1]

Puisque le terme de « savoir » est pris en deux sens (car celui qui possède un savoir mais ne le met pas en usage, et celui qui le met en usage sont tous les deux dits savoir), il y aura une différence entre celui qui, possédant le savoir mais ne le mettant pas en usage, fait ce qu'il ne faut pas faire, et celui qui fait de même en possédant le savoir et en le mettant en usage. Ce dernier cas paraît étonnant, mais il n'en est plus de même s'il s'agit d'un savoir qui n'est pas mis en usage.

En outre, puisque les prémisses [d'un raisonnement pratique] sont de deux formes, rien n'empêche que disposant des deux prémisses un homme n'agisse contrairement à son savoir, quand il met en usage la prémisse universelle et non pas la prémisse particulière. Car les actions ont à voir avec des choses particulières. Il y a aussi une distinction à faire concernant le terme universel ; un universel est rapporté à l'agent lui-même, l'autre aux choses en cause. Par exemple : « les aliments secs sont bons pour tout homme », et : « je suis un

1. Paris, Vrin, 1959, la traduction de Tricot a été révisée par l'auteur.

homme » ; ou : « telle espèce d'aliments est sèche », mais il ne possède pas le savoir que cette nourriture que voici est de telle sorte, ou bien il ne met pas en activation ce savoir. Dès lors, il y a entre ces deux modes de savoir une différence si décisive qu'il ne nous semble pas étrange que l'homme intempérant puisse « savoir » d'une de ces manières, alors que savoir de l'autre serait très surprenant.

De plus, il est possible pour les hommes d'avoir la science en un autre sens que ceux-là. Même dans le savoir possédé mais sans être mis en usage une distinction est possible : on peut avoir le savoir en un sens et ne pas l'avoir, comme quand un homme est endormi, ou fou, ou bien ivre. Mais c'est là précisément la condition de ceux qui sont sous l'influence de la passion, puisque la colère, le désir sexuel et certaines autres passions altèrent de toute évidence le corps, et même dans certains cas peuvent produire la folie. Il est donc clair que l'intempérant doit être déclaré avoir la science dans un sens similaire à ces cas là. Le fait d'utiliser le langage qui découle de la science n'est nullement le signe qu'on la possède. Les gens qui sont dans les états indiqués répètent des propositions de géométrie et des vers d'Empédocle. Les étudiants qui commencent à apprendre une science débitent ses formules, sans savoir leur sens, parce qu'ils doivent intégrer ce savoir, et que cela demande du temps. Nous devons donc considérer ces discours des intempérants de la même manière que celui des acteurs qui répètent un rôle.

De plus, nous pouvons considérer la cause de l'intempérance à la manière des sciences de la nature. La prémisse universelle est une opinion, tandis que la prémisse particulière a rapport aux faits particuliers, qui sont du domaine de la perception. Or quand les deux prémisses se combinent en une seule inférence, il est nécessaire dans certains cas que l'âme affirme la conclusion, et que dans le cas de prémisses relatives à la pratique, l'action suive immédiatement. Soit par exemple les prémisses : « il faut goûter à tout ce qui est doux », et « ceci est doux » (comme cette chose prise en particulier); il est nécessaire que celui qui est capable d'agir et qui n'est pas empêché accomplisse immédiatement l'acte. Quand donc viennent à l'esprit d'une part l'universel qui nous défend de goûter et d'autre part l'universel : « tout ce qui est doux est agréable » et la prémisse mineure « ceci est doux » (cette prémisse mineure est active), et quand le désir est également présent en nous, alors, bien que l'universel nous dise de fuir l'objet, le désir nous y conduit (il peut mouvoir les différentes parties du corps). Si bien qu'il se trouve que c'est selon une raison et une opinion que l'on est intempérant, mais une opinion qui est contraire non par en elle-même mais par accident à la droite raison (car c'est le désir, et non l'opinion, qui est réellement contraire). Par conséquent on ne peut pas parler d'intempérance pour les bêtes, car elles n'ont pas le pouvoir de juger selon des universels, mais seulement de former des images et des souvenirs des choses prises en particulier.

Quant à dire comment l'ignorance de l'intempérant se dissipe et comment il en revient à l'état de science, l'explication est la même que dans le cas de l'ivresse et du sommeil, et elle n'est pas propre à cet état d'intempérance. Nous devons la chercher auprès des sciences de la nature.

Mais puisque la dernière prémisse porte sur du sensible et est la maîtresse de l'action, et que c'est cette opinion que l'intempérant, quand il est sous l'influence de la passion, soit ne possède pas, soit possède seulement en un sens où cela ne revient pas à un savoir mais à dire comme l'homme ivre des vers d'Empédocle, et puisque cette dernière prémisse n'est pas un universel, ni considérée comme un objet de science à la manière d'un universel, nous semblons nous trouver amené vers ce que Socrate cherchait à établir. Car ce n'est pas en présence de ce que l'on tient pour la science au sens propre que se produit la passion dont il s'agit, ni ce n'est la vraie science qui est tiraillée par la passion, mais c'est en présence du savoir sensible.

COMMENTAIRE

L'INTEMPÉRANCE

Aristote utilise ici l'exemple de l'intempérant pour critiquer la thèse de Socrate, selon laquelle nul ne fait le mal de son plein gré, c'est-à-dire en en ayant une pleine science. Le mal serait alors un résultat de l'ignorance. Aristote rappelle, en 1145 b 27 et suivantes, que la théorie socratique est en conflit avec les faits, puisque alors il n'existerait pas d'intempérance. En effet, l'intempérant est celui qui agit selon sa passion, mais qui ne croit pas, avant de se livrer à cette passion, qu'il devrait agir ainsi. Il n'ignore donc pas ce qu'il devrait faire et quelle est la manière d'agir la meilleure. Aristote a aussi disqualifié une première explication : elle soutenait que l'intempérant n'a de cette meilleure façon d'agir qu'une opinion et non une science, qu'il n'est pas pleinement convaincu de ce qu'est la meilleure action. Mais alors, dit Aristote, nous devrions trouver à l'intempérant des excuses. Puisque son degré de croyance dans cette meilleure solution est faible, cela revient à dire que pour lui cette meilleure action est affectée d'une pondération faible : c'est un peu comme si l'action qui donne le meilleur résultat était affectée d'une faible probabilité. L'action qui est en fait moins bonne est en revanche affectée d'une meilleure pondération. Il est alors rationnel qu'elle l'emporte. Pourtant nous blâmons l'intempérant, et nous ne devrions pas le faire s'il avait pris une décision optimale selon les données dont il disposait.

Une solution plus radicale, et utilisée par saint Paul, est d'admettre que l'intempérant est tout simplement poussé par une pulsion perverse – mais une marque de sa liberté, selon saint Augustin. Mais nous ne reprochons pas à l'intempérant d'avoir des désirs puissants et mauvais. Car alors nous ne pourrions pas non plus féliciter l'homme tempérant, puisqu'il ne devrait sa tempérance qu'à une heureuse conformation, ses appétits les plus puissants étant bons. Nous lui reprochons d'avoir cédé à ses appétits mauvais alors qu'il avait des raisons de ne pas le faire.

L'intempérance semble d'ailleurs une maladie difficile-ment curable. En effet, l'intempérant sait déjà où est le bien. Nous ne pouvons donc pas le guérir en le lui montrant. Aristote cite un proverbe : quand vous vous étranglez en avalant de l'eau, à quoi servirait d'avaler de l'eau pour la faire passer ?

La thèse d'Aristote est que l'intempérance ne s'explique ni par une absence de savoir, ni par une pulsion perverse trop forte, ni par un degré de conviction plus faible concernant l'action la meilleure. Elle s'explique partiellement par une différence dans les modes du savoir, et cette différence ne tient pas à une variation de degré dans le domaine du savoir, mais à une différence dans l'articulation du savoir sur l'action.

Il commence par faire une remarque générale : on peut posséder un savoir et ne pas s'en servir. Je peux par exemple posséder le savoir d'un théorème mathématique et ne pas savoir l'appliquer au problème qui m'est posé. J'ai pensé à d'autres théorèmes, mais pas à celui-là. Pourtant si l'on me dit

« connaissez-vous le théorème de Thales ? », je peux l'exposer et même en donner la démonstration. Mais je n'ai pas pensé à l'appliquer à mon problème. Nous pourrions prendre aussi l'exemple d'une procédure de vote. Supposez que pour choisir les candidats à un poste à l'université nous votions en indiquant chacun quel est le classement que nous donnons pour tous les candidats, qui sont plus de deux. Ensuite, nous allons retenir le candidat qui sera placé en tête par la majorité. Par ailleurs, nous connaissons le paradoxe de Condorcet, qui tient à ce que des votes qui sont des listes ordonnées de candidats peuvent donner lieu à des boucles, le premier pour l'un changeant successivement de rang d'un votant à un autre pour finir par être le dernier, et de même pour les autres candidats. Mais nous ne nous apercevons pas que notre procédure de vote est susceptible de donner lieu au paradoxe de Condorcet.

Il est donc possible que j'aie bien une connaissance en général, mais que je n'aie pas connaissance de tous ses cas d'application. Je ne fais donc pas le lien entre la proposition universelle et le cas particulier. Dans un raisonnement pratique, nous dit Aristote, il y a deux manières de manquer ce lien. Un raisonnement pratique part d'une prémisse majeure qui est une maxime universelle « tout homme atteint de scorbut doit manger des fruits », ajoute une prémisse mineure particulière (« ceci est un fruit, ces baies sont des fruits »). Je peux ne pas articuler les membres de ce raisonnement pour deux raisons : soit je ne me rends pas compte que je commence à être atteint de scorbut, soit je ne me rends pas compte que ces baies entourées d'épines sont des fruits. Je sais que je dois m'assurer pour éviter paradoxe de Condorcet que les votes individuels ne forment pas entre eux une boucle, mais je n'ai pas réalisé que nos votes d'aujourd'hui peuvent donner lieu à ce problème.

Fort bien, mais est-ce que cette distinction entre un savoir possédé et un savoir mis en usage, un savoir de l'universel et un savoir appliqué à un cas particulier, peut nous suffire pour expliquer le cas de l'intempérant ? Il ne s'agirait là que d'une étourderie intellectuelle, ou d'une incapacité à mettre en pratique un savoir. Ce ne serait qu'une forme intellectuelle d'intempérance, et ce que nous avons en vue, ce sont des formes pratiques d'intempérance, de gens qui savent ce qui est la meilleure action, et qui en accomplissent une moins bonne. Ces gens là ne se bornent pas à connaître une maxime générale, dont on ne sait même pas comment l'appliquer. Ils savent quelle est la meilleure action.

C'est pourquoi Aristote introduit, à l'intérieur de la catégorie de ceux qui possèdent un savoir mais ne s'en servent pas, une sous-catégorie : celle de ceux qui sont seulement capables d'évoquer leur savoir, mais d'une manière sans rapport avec la pratique. Mais ici, Aristote ne vise pas ceux qui ne disposent pas de la capacité de transformer ce savoir impraticable en savoir praticable. Il parle de ceux qui ont cette capacité, mais sont empêchés par certaines inhibitions de rendre ce savoir praticable. Si nous dormons, si nous sommes ivres, les capacités de mise en pratique dont nous disposons bien d'habitude sont bloquées. Si les discours des intempérants ressemblent à ceux des acteurs qui répètent un rôle, ce n'est donc pas parce que ces acteurs ne font que lire leur texte au lieu de le mettre en pratique, c'est parce que leur statut d'acteur les empêche de pouvoir agir pour de vrai [1].

Mais cette version non plus n'est pas suffisante. Si l'intempérant agissait de travers parce qu'il est empêché de suivre sa meilleure raison, et que cette raison était ainsi inhibée et privée de sa capacité pratique, on risquerait de retrouver la

---

1. Tricot semble croire qu'il ne peut s'agir que de mauvais acteurs qui ne s'impliquent pas dans leur texte, puisqu'il traduit *upokrinomenous* par « histrions ». Mais il peut s'agir de très bons acteurs. Simplement ces acteurs ne peuvent pas être les agents réels dont ils jouent le rôle.

thèse de saint Paul et de saint Augustin : il y a une puissance diabolique en moi (saint Augustin ajoute que je peux vouloir le mal pour le mal). Dès lors l'intempérant serait exonéré de tout blâme. Ce serait une sorte de dément. Il nous faudrait seulement tenter de le guérir.

Aristote envisage alors une sorte d'analyse que l'on pourrait aujourd'hui traiter de cognitiviste. Formulons la dans des termes contemporains. Une action intentionnelle résulte de la combinaison de désirs et de croyances. Nous activons au présent une croyance universelle : « il faut goûter aux sucreries » et une croyance particulière « ceci est une sucrerie » (ce qui peut déclencher la croyance instrumentale que manger cette chose me permet de satisfaire mon but qui est de goûter aux sucreries). Par ailleurs nous activons le désir « je désire goûter aux sucreries » (ce qui est nécessaire pour donner sa force pratique à la croyance universelle, le désir étant capable de mouvoir le corps). Nous allons donc goûter cette sucrerie si nous pouvons le faire et que rien ne nous en empêche. Effectivement, si nous avions accès aux activations de croyances et de désirs d'un agent et que nous ne le voyions pas goûter la sucrerie, nous devrions rechercher des causes de ce qui nous apparaîtrait comme un comportement irrationnel. Pour détecter ces causes (c'est ce que fait un « physiologue », celui qui étudie la nature en recherchant ses causes), nous rechercherions des blocages. Cela implique que quand tout se passe normalement, le comportement rationnel en question est en même temps un comportement que la conjonction des croyances et des désirs en question suffit à déterminer et à provoquer.

Mais cela, c'est le comportement rationnel. Comment alors expliquer en termes de causes le comportement de l'intempérant ?

Il a dans ses croyances à la fois l'universel (1) « tout ce qui est doux est agréable », l'universel (2) « il est mauvais pour la santé de goûter aux sucreries », et, le particulier (3) « ceci est une sucrerie ». Mais dans ses désirs, il n'a que le désir de goûter la sucrerie. Les deux croyances universelles ne sont pas contradictoires. Je peux soutenir à la fois que les sucreries sont agréables, et qu'il est mauvais pour la santé d'y goûter. Ce ne serait pas la peine que mon médecin me les défende si elles étaient désagréables. C'est mon désir qui est opposé à la croyance médicale. Par ailleurs, notre intempérant n'agit pas sans raison, puisque ce qui le détermine à agir est bien constitué d'une croyance universelle (2) qui peut s'articuler avec un désir, et d'une croyance particulière (3) adaptée à la situation. L'action s'en suit donc. Par un côté, l'intempérant est cohérent : il y a cohérence entre ses deux croyances, l'une des universelles et la particulière, et son désir. Il n'a pas non plus de croyances incohérentes entre elles, même en comptant l'autre universelle. Son incohérence n'est pas entre ses trois croyances, ni entre celles de ses croyances qui sont articulées avec le désir. Elle tient à ce qu'il n'a pas de désir articulé avec sa meilleure raison, mais seulement un désir qui bloque la mise en pratique de sa meilleure raison. L'intempérant n'est donc pas simplement poussé par une pulsion décisive qui l'exonère de tout blâme. Nous pouvons lui reprocher l'absence d'un désir qui aurait donné une force pratique à sa meilleure raison, mais nous ne pouvons pas lui reprocher la présence du désir qui se trouve avoir bloqué cette force pratique – Aristote a dit plus haut que si l'intempérant n'avait pas de passions, alors il n'y aurait aucun mérite à être tempérant. C'est pourquoi Aristote dit qu'il n'est pas une bête. Il peut parfaitement comprendre l'universel dominant.

Nous savons donc comment l'intempérant fonctionne. Nous pouvons expliquer son comportement par des causes, mais sans lui ôter sa responsabilité. Si une autre cause intervient, si un autre désir se lève, plus conforme à la meilleure raison, l'intempérant ne le sera plus. Comment alors Aristote peut-il arriver à dire qu'il semble rejoindre la position de Socrate, selon laquelle c'est une absence de science qui produit l'intempérance ? En fait, Aristote explique ici comment il peut donner tort à Socrate, tout en trouvant une meilleure justification que lui à sa position. Il suffit de relier tous les fils de l'analyse qu'a menée Aristote. Pour qu'il y ait action, il faut une articulation entre des croyances et des désirs. Ces croyances ont soit le statut de croyances générales, soit celui de croyances portant sur la situation particulière. Le désir est une motivation générale [1], et il va tout d'abord être éclairé par une croyance générale avec laquelle il est cohérent. Cette combinaison donne une raison motivante. Mais une raison motivante ne conduit pas par elle seule à l'action. Ce qui assure l'articulation avec la situation présente, c'est la croyance particulière, qui est une croyance perceptive et sensible, qui nous ancre dans la situation. Nous sommes alors sensibles à la pertinence d'une cible de notre action pour telle motivation. C'est cette articulation entre raison motivante et croyance d'ancrage qui permet au désir de déclencher la suite des mouvements.

Le conflit entre le désir comme passion et la raison la meilleure ne se produit donc pas au niveau des raisons générales. « La science n'est pas tiraillée par les passions », nous dit Aristote. Mais il se produit bien au niveau de ce maillon déterminant, qui est le relais de la raison motivante par la croyance situationnelle. C'est dans cette sorte d'entonnoir qui rattache l'universel au singulier qu'auraient été en conflit les deux raisons motivantes, s'il y avait bien eu aussi un désir de suivre la recommandation médicale. En effet, pour qu'il y ait tempérance, il faut bien que nous disposions des deux désirs, non seulement le désir de suivre les conseils de santé, mais aussi

1. Aristote n'envisage pas ici que l'on puisse avoir un désir dédié à une chose singulière.

celui de goûter les sucreries, sinon nous n'aurions pas de mérite. Et chacun de ses désirs se joint alors à l'universel qui lui correspond, ce qui donne deux raisons motivantes. Tant que nous demeurons dans les généralités, il n'y a toujours pas d'incohérence entre ces deux raisons motivantes. Elles ne sont incohérentes que si toutes les deux prétendent à passer à l'action en même temps et pour une même situation particulière. Sinon, nous pourrions sans difficulté trouver des situations qui soient plus appropriées à déclencher l'ingestion de sucreries, et d'autres qui le soient moins. Nous aurions échappé à l'intempérance parce que nous disposerions d'une capacité très fine d'identification des situations, et d'une capacité d'évaluer tout aussi finement le poids de chaque maxime générale dans chaque situation. Mais ce serait là une heureuse disposition cognitive, et non une vertu.

C'est donc bien quand la croyance particulière, l'ancrage dans la situation, active à la fois les deux raisons motivantes, que se produit un conflit. Mais ce n'est pas l'absence de science, l'ignorance, qui explique l'intempérance. La présence de ce savoir perceptif n'est pas une explication, mais un révélateur de l'incohérence, qui nous permet de nous rendre compte si nous sommes tempérants ou intempérants. Il y a donc un sens du « savoir » auquel Socrate peut paraître avoir raison, mais ce n'est pas du tout celui auquel il pensait (le manque d'un savoir des idées, qui serait la cause de l'intempérance). Non, c'est un savoir sensible et qui n'est pas une cause, mais un facteur de révélation. Davantage, c'est un savoir qui ne consiste pas seulement à détecter de manière descriptive les particularités de la situation, c'est un savoir qui consiste à maîtriser l'incidence de ces particularités pour une mise en pratique. Aristote le dit bien, cette opinion est « la maîtresse de l'action », celle qui la gouverne. Nous interpréterons cela en disant que cette croyance assure le guidage et le contrôle de l'action (alors que, comme l'a dit Aristote, c'est le désir qui donne l'impulsion et l'énergie du mouvement; ici, la croyance est le maître et le mouvement l'exécuteur).

Que peut-on alors exactement reprocher à l'intempérant? Sans doute Aristote lui reproche-t-il de ne pas avoir le désir qui rendrait active la croyance dans la maxime universelle, et qui en ferait notre meilleure motivation. Mais celui qui fait un tel reproche ne propose pas de remède. Comment acquérir un désir qu'on n'a pas? Notre homme pourrait se borner à avoir une raison motivante, mais sans lui laisser déclencher l'action. Il faudrait pour cela qu'au moment où la croyance particulière rend pertinente les deux maximes, il se rende compte qu'elles pourraient être en conflit dans cette situation. Il faudrait alors au moins qu'il bloque sa moins bonne raison motivante. Nous pouvons donc lui reprocher, quand la croyance situationnelle active les deux maximes universelles, de guider son action en fonction d'un désir qui n'active pas la maxime universelle dont il sait qu'elle devrait l'emporter. « Dans le syllogisme éthique », dit Ogien en reprenant Kenny, « la représentation de ce que l'on est en droit de viser ne s'éclaire que dans l'acte, au vu des circonstances particulières. Le syllogisme éthique a l'allure d'un raisonnement inductif: il part du cas et remonte aux principes » [1]. Aristote dirait plutôt: la croyance particulière doit assurer une cohérence à la fois vers l'aval (les circonstances particulières de l'acte) et vers l'amont (la maxime universelle la meilleure dans la situation). Mais ce n'est pas d'induction qu'il s'agit, mais d'une cohérence établie dans un aller retour entre les raisons disponibles et les circonstances particulières. La faute n'est donc pas d'avoir tel désir, ni d'avoir telles croyances, c'est, alors que la croyance particulière pourrait mobiliser les deux raisons, de n'activer par son désir que la maxime universelle la pire étant donnée la situa-

1. *La faiblesse de la volonté*, p. 98.

tion, et donc de bloquer la remontée de l'activation qui va de la croyance particulière contrôlant la situation vers la maxime universelle qui se révèle pourtant dominante en fonction de cette situation. Il y a donc défaut d'activation d'un savoir, à cause d'un défaut de motivation, et du fait qu'un autre désir s'est joint à la moins bonne maxime pour donner une autre motivation et l'impulsion de l'action, si bien que la croyance particulière qui conduit l'action ne fait plus, en remontant, que retrouver ce qui est le plus actif dans l'esprit de l'agent, l'alliance de cette motivation et de cette moins bonne raison, au lieu d'activer toutes les croyances universelles pertinentes, ce qui aurait donné la priorité à la meilleure maxime. Ce n'est donc pas une simple ignorance (Socrate), ni un simple désir mauvais (Augustin), mais une combinaison complexe de croyances et de désirs dont aucun élément n'est mauvais en soi qui produit la faiblesse de la volonté.

L'INTEMPÉRANCE ET LA FAIBLESSE DE LA VOLONTÉ

Davidson a vu ce problème de l'intempérance comme une objection possible à sa thèse que les vraies raisons d'une action étaient ses causes [1]. Car si les raisons sont des causes, alors la meilleure raison devrait être la cause la plus forte. Pour parer à cette objection, il s'est efforcé, comme Aristote, de ne pas classer l'intempérant dans la classe des agents irrationnels, dépourvus de raison. En effet, il aurait fallu dire que les conduites de notre intempérant n'étaient pas des actions, puisqu'elles n'auraient pas eu de raison. Davidson a trouvé une solution comme toujours économique. Il a considéré le raisonnement pratique. Aristote dit que la conclusion du raisonnement pra-

---

1. « Comment la faiblesse de la volonté est-elle possible ? », dans *Actions et Événements*.

tique qui comporte une prémisse universelle et une prémisse que nous avons appelée situationnelle est l'action, qui suit directement. Davidson refuse cette conception. Selon lui, le raisonnement pratique a plutôt la forme d'un raisonnement probabiliste. Si A a telle probabilité, si B a telle probabilité, et que A et B entraînent C, alors nous pouvons admettre que C a une probabilité qui est une combinaison des probabilités des prémisses. Mais nous ne pouvons pas conclure C tout court. Nous devons tenir compte des probabilités, et même en fait des probabilités en tant que rattachées à telles prémisses (d'autres prémisses pourraient avoir d'autres probabilités). Les prédictions météo, qui découlent de raisonnement probabilistes, ne peuvent donc pas nous dire : « il fera demain un temps sans nuages », mais seulement, « étant donné la probabilité de tels et tels éléments d'information (pression et températures en différents endroits), nous pouvons estimer la probabilité qu'il fasse un temps sans nuages à tel et tel niveau ». Autrement dit, nous ne pouvons pas détacher la conclusion des précautions qui seules donnaient leur pertinence aux prémisses.

Dès lors, si l'intempérant dispose d'un raisonnement pratique, ce raisonnement ne lui permet pas de passer directement à l'action. À vrai dire, aucun raisonnement ne lui permet cela. Il faut encore qu'il soit non seulement motivé par un désir, mais poussé par ce désir sous son aspect conatif. Dès lors deux raisonnements différents peuvent mener à deux conclusions différentes, mais comme aucune de ces conclusions ne peut être détachée et isolée de ses justifications pour passer à l'action, nous n'avons pas d'incohérence, et l'intempérant peut donc continuer à être rationnel. Même lorsque l'intempérant arrive à conclure que toutes choses ayant été considérées, il vaut mieux s'abstenir de sucreries, plutôt que les goûter, c'est toujours là un raisonnement dont on ne peut détacher la conclusion. C'est un jugement conditionnel à ses justifications, ce n'est pas un jugement inconditionnel, qui permettrait le détachement et donc l'action.

L'intempérant a donc bien toujours une raison d'agir, et cette raison peut bien être la cause de son action. Mais il n'est sûrement pas un modèle d'action rationnelle, ni un modèle moral, parce qu'il a une meilleure raison d'agir. Et le principe de tempérance (de continence, dit Davidson) nous dit que nous devrions agir en suivant la meilleure de toutes les raisons qui nous sont disponibles.

Reste à expliquer pourquoi l'intempérant peut avoir une raison d'agir, agir pour une raison, mais en même temps avoir une meilleure raison, et cependant ne pas agir pour cette raison. La raison que suit l'intempérant est bien conditionnée par l'ensemble de ses raisons (sinon, l'intempérant ne disposerait pas d'un réseau de raisons, et il serait peut-être plus difficile de dire qu'il a de véritables raisons). Quand un agent se forge une conviction concernant une opinion, et qu'il a une raison r pour cette conviction, l'activation de cette raison r est aussi une cause de sa conviction. Mais l'activation de cette raison r peut aussi *causer* sa conviction sans que la raison r soit la *raison* de cette conviction. C'est ce qui se passe dans des cas de duperie de soi : quand je suis désireux de ne pas devenir chauve, le soupçon que je suis déjà chauve, qui est une raison pour avoir la conviction que je suis chauve, peut causer la conviction que je ne le suis pas encore. Davidson suppose donc qu'il y a eu une sorte d'erreur dans le mode de fonctionnement de cette raison. Au lieu de fonctionner comme une cause en tant que raison, et de le faire en suivant le mode de fonctionnement des raisons (déclencher des inférences valides), elle a fonctionné comme une raison, mais en causant par exemple un désir (celui d'éviter de me voir comme chauve), et pas une inférence valide. Mais il faut ajouter que si de tels processus se sont produits en amont, qui ont fait que la raison la moins bonne a pu bloquer la meilleure, finalement, en aval, c'est bien comme raison, et tout à fait normalement cette fois, qu'elle fonctionne pour guider l'action de l'intempérant.

Le parallèle entre Aristote et Davidson est frappant, mais leur différence aussi. Tous les deux veulent considérer l'intempérant comme rationnel à un premier niveau. Tous les deux veulent pouvoir le considérer comme n'étant pas optimalement rationnel. Tous les deux utilisent pour solution le point d'articulation entre nos raisons et l'action dans la situation particulière. Tous les deux font intervenir le désir comme une possibilité de déviation, bien que chez Davidson, il faille interpréter ces raisons qui fonctionnent comme des causes mais incorrectement, pour y retrouver des désirs. Enfin tous les deux évoquent à un moment le point de vue du scientifique qui doit expliquer les phénomènes par leurs causes, Aristote explicitement et Davidson indirectement quand il parle de ces causations qui ne se font pas par des méthodes qui conservent les degrés de force rationnelle. Mais les différences sont tout aussi frappantes. Aristote traite un problème moral : comment pouvoir blâmer l'intempérant ? Davidson prétend libérer la figure de l'« acratique » (le terme grec que nous traduisons par intempérant est « acrates ») de toute considération morale. Aristote voit dans l'articulation de la croyance particulière et de l'action le lieu qui révèle le conflit entre ce que fait l'intempérant et ce qu'il aurait dû faire. Il considère donc cette articulation quand elle est activée et qu'elle fonctionne, permettant le contrôle de l'action. Davidson au contraire voit dans la discontinuité entre le raisonnement pratique et l'action la possibilité de laisser à l'acrates son intentionnalité – qui exige qu'il ait une raison comme cause de son action – et donc sa rationalité minimale.

Que penser de ces deux versions (qui prennent le problème dans des sens légèrement différents) ? La solution de Davidson pose bien des questions. Elle revient finalement à admettre que des raisons moins bonnes peuvent être plus fortes que des raisons meilleures parce qu'elles empruntent des chemins causaux qui dévient par rapport à ceux qui se borneraient à transférer la force inférentielle des raisons. Mais du point de vue du problème tel qu'Aristote le comprend, ce serait là une manière de disculper l'intempérant, puisqu'on expliquerait son action par des processus causaux dans son cerveau, qui ont pris d'autres voies que celle du tempérant. Aristote utilise bien à un moment ce genre d'approche, mais il revient ensuite au lieu de révélation du conflit moral. Davidson ne souhaite pas disculper son acrates. Il souhaite seulement lui permettre d'accomplir des actions, en ayant des raisons qui restent des causes. Mais le défaut de son approche est qu'elle rend totalement mystérieux le lien entre la raison et le passage à l'action. Inversement Aristote ne voyait aucune difficulté dans ce passage. Et cela posait alors un problème qu'il n'éclaircissait pas quand il attirait notre attention sur le fait que c'était la croyance particulière et sensible qui guidait effectivement notre action. Cette croyance sensible a deux faces, l'une tournée vers l'aval de l'action, l'autre tournée vers l'amont, et vers le savoir de la meilleure raison. Mais le problème de savoir comment l'articulation vers l'amont pourrait l'emporter sur l'articulation vers l'aval reste entier. Aristote a bien résolu le problème de savoir quoi blâmer dans l'intempérance, mais il n'a pas résolu celui du rapport entre le contrôle de l'action et nos raisons d'agir. Davidson a bien résolu le problème de l'attribution d'un sens raisonnable, et donc d'une intention, aux actions de l'acratès, mais il a accru le fossé entre les intentions qui ne sont que des raisons et les actions intentionnelles.

Interprétation et réalisme

Nos précédentes analyses devraient nous donner sur ces deux points quelques lumières. Notons que ces difficultés ont conduit Ruwen Ogien à une position de repli (dans *La faiblesse de la volonté*). Selon lui, il serait fallacieux de se poser la question de l'intention quand on ne veut plus se poser la question de la justification du blâme. Ce serait une procédure conventionnelle qui finirait par identifier des intentions, et ces intentions seraient construites précisément pour pouvoir répondre à une accusation, soit en montrant qu'elle a toute sa force, soit en trouvant des excuses à l'agent. Il faudrait alors renoncer à une conception réaliste des intentions et considérer les intentions comme des fictions[1]. Depuis, cependant, Ogien admet le réalisme pour ce qui concerne les intentions et les actions[2].

Notre approche nous a bien conduit à partir des activités motrices pour peu à peu en arriver aux intentions, au lieu de voir dans les intentions des préalables antérieurs à l'action. Mais elle ne nous a pas du tout amené à refuser aux intentions leur réalité pour en faire de simples fictions. Au contraire, nos capacités d'intentions exigent la mise en place de tout un répertoire de révisions de nos activités, et les contraintes de ces révisions, comme les possibilités d'action qu'elles nous offrent, sont bien des réalités.

---

1. *La faiblesse de la volonté*, p. 299.
2. En revanche il soutient que sauver l'acratique de l'irrationalité en disant qu'il a simplement refusé d'accepter un principe pratique (le principe de «continence») et non logique est sans intérêt, et que l'acratique reste irrationnel, sauf quand il devient rationnel d'agir à l'encontre de son meilleur jugement, parce que ce meilleur jugement est irrationnel (*Le Rasoir de Kant*, p. 64). Mais il reste ici irrationnel, puisque ce n'est pas lui qui fait la révision. Les raisons peuvent exister en dehors de nous, mais la rationalité est une qualité des agents.

Peut-on alors reprendre sous d'autres formes la perspective dualiste que proposait Ogien à la fin de son livre? Il montrait[1] que la faiblesse de la volonté pouvait pour tout acte soit être niée, parce que nous pouvions toujours trouver une cohérence entre les désirs, les croyances et les actes sous une certaine interprétation, soit être affirmée, dans une perspective réaliste, parce qu'aucune action n'assure une pleine cohérence avec toutes ses raisons, ce qui, concluait-il, prouve que la théorie causale de l'action est douteuse. La cohérence était donc interprétationniste, l'incohérence réaliste.

Mais nous avons vu que la capacité d'intention au sens plein du terme exige la capacité de pouvoir déclencher des révisions. Or une révision, c'est une incohérence apparente, puisque l'on change de plan et que l'on contredit la poursuite normale de l'action. Mais c'est aussi une cohérence supérieure, puisqu'elle est justifiée par un obstacle à la réussite de l'action, donc un conflit, et qu'elle restaure la cohérence entre le nouvel état du monde et la possibilité d'atteindre le but. Bref une révision reconnaît l'incohérence, met en place une activité incohérente avec l'activité qui se heurtait à son incohérence avec la situation, et restaure une cohérence si l'on tient compte de ce que l'incohérence de l'action révisante compense l'incohérence de la situation précédente de l'action.

Dès lors, la cohérence de second ordre produite par une révision n'est plus interprétationniste, elle est bien réaliste, puisque déclenchée par une incohérence avec une donnée du monde. Et elle reste réaliste, puisque si la manière de restaurer la cohérence n'est elle-même pas adaptée à l'évolution de la situation, il faudra de nouveau reconnaître l'incohérence et de nouveau réviser.

Pourtant nous pouvons aussi restaurer la cohérence en révisant non pas notre mode d'action, mais notre vision de ce

---

1. *La faiblesse de la volonté*, p. 308.

qu'étaient nos intentions passées. À la limite, quand une action a échoué, nous pouvons prétendre que nous avions toujours su qu'elle échouerait, et que nous l'avons lancée par dérision. C'est la différence entre une révision rétrospective et une révision prospective, comme celle que nous envisagions à l'instant, et qui propose de nouvelles voies d'action pour le futur. L'interprétation est toujours rétrospective, quand il s'agit de nos actions.

Mais bon nombre de nos actions sont des réponses aux actions des autres, et elles se basent donc sur une interprétation des actions passées des autres. Nos actions, cependant, restent prospectives. Elles ont alors non seulement une fonction de transformation du monde, mais une fonction d'exploration et de test. Si les réactions des autres à nos actions sont conformes à celles que nous avions prévues, notre interprétation aura passé le test. Si elles ne le sont pas, nous aurons à réviser et notre action et notre interprétation.

Etre anti-réaliste pour ce qui concerne les intentions, c'est supposer que les intentions sont des interprétations des actions, et qu'une réinterprétation est toujours possible. Mais c'est oublier que les actions sont aussi des tests pour les interprétations. On pourrait croire qu'il est toujours possible après coup de raconter une histoire qui rende une action cohérente, et donc que l'intention fournie par cette histoire peut varier indéfiniment. Il semble qu'il suffirait, pour trouver de nouvelles intentions, de recourir à des révisions. Mais il faut avoir des données qui justifient le déclenchement de ces révisions. Et quand nous déclenchons une révision, cela nous alerte sur la fiabilité des informations sur la base desquelles nous avons lancé l'action qui s'est heurtée à un obstacle. Nous devenons donc plus circonspect sur les données observables, et plus investigateur sur les justifications de nos attentes initiales. De plus, une succession de révisions rend de plus en plus délicate la tâche de trouver le fil qui assure la cohérence de l'ensemble, quand les révisions ne trouvent pas leurs justifications dans les obstacles externes opposés à une action. Enfin, et surtout, les actions futures vont servir de test à nos interprétations, et pour poursuivre nos actions d'une manière adaptée, nous allons devoir abandonner nombre d'interprétations.

L'anti-réalisme tient à ce que l'on considère les intentions du point de vue de l'historien, qui est suffisamment à distance des actions passées pour que les auteurs de ces actions ne puissent plus avoir recours à de nouvelles actions utilisées comme tests. L'historien ne dispose plus de ces actions explo-ratrices et prospectives. Il ne se situe plus dans une action en cours. Dès lors il peut proposer diverses interprétations, qui convoquent des intentions forcément statiques, puisque figées par le passé. Mais ce n'est pas le cas de celui qui agit au présent. Ses intentions ne résultent pas d'une réflexion sur ce qu'il a fait. Elles exigent de pouvoir mobiliser en cours d'action des possibilités de révision. Une intention est donc quelque chose dont l'existence est inter-temporelle. Avant l'action elle-même elle évoque une action avec son potentiel de révisions, mais elle est aussi une hypothèse d'exploration qui ne peut prendre effet que lors de l'action en cours. Le potentiel de révisions attaché à l'intention préalable est celui qui organise les révisions lors de l'action en cours. Tant que l'action en cours peut reconverger vers son but grâce à ce potentiel de révision, l'intention est maintenue. Lorsque ce n'est plus possible, il nous faut reconsidérer l'intention. Si nous sommes engagés dans une interaction avec autrui, nous avons lancé notre intention en fonction d'une intention supposée d'autrui, et si les révisions d'autrui sortent du potentiel de révision que nous associons à cette intention supposée, nous devons changer d'hypothèse. Nous pouvons donc avoir évoqué l'intention (celle d'autrui et la nôtre) bien avant l'action, mais elle restait une hypothèse à tester, et elle n'est complétée que lors de l'action en cours, lorsque les révisions nécessaires sont celles propres à cette intention – ou bien évidemment lorsque aucune révision n'est nécessaire. Certes, édifier un plan d'action est bien une activité mentale effective, mais le propre des activités mentales est qu'elles restent des hypothèses à tester dans des actions motrices effectives.

Penser que l'on peut aussi bien aborder l'intention dans une attitude interprétationniste que dans une attitude réaliste est donc exact, mais on ne peut pas faire soit l'un, soit l'autre, séparément. On ne faire que les deux – en testant l'interprétation par la réalité- puisque l'action est justement le mode de test des intentions, et que chaque intention permet inversement à une action de jouer un rôle de test, en proposant au monde réel un ensemble d'hypothèses et de méthodes de mise à l'épreuve.

L'ACTION COMME MISE À L'ÉPREUVE

Ces propositions nous permettent-elles de jeter une lumière sur le problème du rapport entre le contrôle de l'action et nos raisons d'agir? Aristote nous laissait soupçonner que la croyance particulière qui déclenchait l'action aurait dû aussi activer en retour notre meilleure raison. Nous le comprenons mieux maintenant. Si notre action est une sorte de mise à l'épreuve de la pertinence du potentiel de révision qui lui est associé, alors ce qu'on peut reprocher à l'intempérant, c'est qu'il ne dispose pas, dans l'ensemble de révisions activé par le contrôle de l'action, des révisions associées à sa meilleure raison. Aristote nous dit au fond que l'intempérant n'a pas transformé son savoir de la meilleure raison en un potentiel de révision pour des actions. Il ne lui a donné qu'un rôle évaluatif voir descriptif, mais pas un rôle actionnel. Il a un savoir que l'action ne peut pas mobiliser comme offrant des pistes de révision en cours d'action. Pour qu'elle le fasse, il faudrait que l'activité de contrôle de l'action puisse activer cette meilleure raison. Certes il est possible que le désir qui a lancé l'action ne soit pas notre meilleure raison, mais le contrôle même de cette action devrait alors remonter vers notre meilleure raison pour l'activer. Le tempérant n'est pas celui qui n'a pas de désirs peu rationnels, mais celui chez qui les actions lancées par ces désirs sont soit inhibées soit révisées en cours de route parce qu'elles suscitent en retour l'activation de raisons meilleures. L'intempérant est celui qui ne s'est pas exercé à activer ce genre de ré-évaluation en cours d'action, et qui ne dispose donc pas d'un potentiel de révision qui comprenne ses meilleures raisons.

L'intempérant d'Aristote ne fait pas assez de révisions, mais l'acrates de Davidson en fait trop ! Pour éviter des exemples moralisants, Davidson n'a proposé que deux exemples d'agents sujets à une faiblesse de la volonté qu'il juge neutre quant à la morale : celui qui tombe de sommeil, s'est déjà couché, sait que s'il se relève il aura de la peine à se rendormir, et qu'il lui faut absolument une nuit complète de récupération, mais qui se relève pour se brosser les dents ; celui qui voit une branche en travers d'un chemin dans un parc, pense que quelqu'un pourra trébucher, la déplace sur la pelouse ombragée voisine, puis qui, une fois dans son bus, pense qu'un coureur verra encore moins cette branche sur la pelouse en clair-obscur, et revient dans le parc pour remettre la branche sur le chemin. Dans les deux cas, il serait rationnel de faire moins de révisions.

L'intempérant d'Aristote ne s'est pas exercé à faire de ses actions des tests qui évoquent ses meilleures raisons. L'acra-tique de Davidson n'arrive pas, au contraire, à ne pas déclen-

cher des tests supplémentaires, qui pour finalement s'apercevoir que la raison qui l'incitait soit à dormir tout de suite, soit à
déplacer la branche hors du chemin, était la meilleure. Les
acratiques n'arrivent pas à être sûrs de leur meilleure raison, et
pour la tester, ils sont obligés de se lancer dans des actions qui
ne suivent pas cette raison, et qui montrent a posteriori et a
contrario qu'elle était la meilleure. Il peut être parfois nécessaire de faire ce genre de contre-épreuve. Mais c'est seulement
lorsque nous cherchons une garantie d'une robustesse à toute
épreuve. Or il n'est raisonnable d'avoir cette exigence que
lorsque nous voulons démarrer toute une série d'actions qui
exigera que cette hypothèse ne puisse jamais être remise en
cause, soit parce que nous engageons une recherche scientifique, soit parce que nous nous proposons de changer de
croyances fondamentales et de mode de vie. Pour des actions
ordinaires, dont les erreurs éventuelles sont réparables au jour
le jour, nous n'avons pas besoin d'une telle assurance. Mais
comme ces actions ordinaires ont déjà été accomplies maintes
fois, dans des situations variées, nous disposons, vers l'amont,
d'un vaste répertoire de révisions, et cependant, nous savons
par expérience que, vers l'aval, toutes ces révisions variées
vont reconverger vers notre but. Pour les actions extraordi-
naires, comme de changer de profession ou de compagne, nous
ne disposons pas, vers l'amont, de ce répertoire, et vers l'aval,
nous voyons que bien des avenirs possibles différents s'offrent
à nous, qui ont peu de chances de reconverger. Le réseau de
nos actions ordinaires a une grande variété de racines, et son
arborescence visible dans nos réalisations converge vers une
pointe, le réseau de nos actions de révision radicales a peu de
racines et une arborescence projetée dans le futur qui ne
converge pas. Il est donc raisonnable, avant de se lancer dans
une révision radicale, de tenter des révisions miniatures, qui
testent la réalisabilité de certains possibles. C'est déraison-

nable de le faire pour nos actions ordinaires. L'acratique de
Davidson est donc atteint d'une sorte d'hyper-rationalité, alors
que l'intempérant d'Aristote n'est pas assez rationnel. Le
premier prend la rationalité pratique pour une rationalité
théorique, qui doit faire passer à ses hypothèses les tests les
plus forts, le second n'utilise pas les capacités exploratoires de
l'action.

Mais c'est seulement relativement à d'autres agents que
nous pouvons tous les deux les blâmer. Il faut que dans notre
communauté, les agents « normaux » disposent d'un potentiel
de révisions activables plus riche que celui de l'intempérant,
ou encore aient dépassé la phase exploratoire pour certaines
actions, qu'ils considèrent comme ordinaires. Il suffit d'imaginer des situations pour lesquelles nos réactions ordinaires ne
déclenchent pas encore ce qu'une élite a mis au point comme
meilleures raisons (par exemple des raisonnements probabilistes), pour que la conduite de l'intempérant reste rationnelle,
ou des situations qui nécessitent l'apprentissage de nouvelles
capacités d'actions, pour que la conduite de l'acratique
davidsonien le devienne.

LA VOLITION

Cette relation entre l'activité de contrôle en cours d'action
et le développement d'un potentiel de révisions sous-jacent à
nos intentions nous permet-elle enfin de mieux comprendre ce
que pourrait être une volition ? Davidson prétend éliminer ce
concept de l'ensemble restreint de notions nécessaires à la
compréhension de l'action. Recourir à un acte de volition,
c'est amorcer une régression à l'infini, puisque si pour agir il
faut d'abord un acte de volition, il faudra pour démarrer cet

acte un autre acte de volition, et ainsi de suite. Ginet [1] voit dans la volition une action, qui est la dynamique même de démarrage et poursuite de l'action, et il doit pour cela admettre qu'une action comporte plusieurs actions feuilletées, en quelque sorte. O'Saughnessy [2] définit la volition comme *trying*, comme l'activité de tenter la réalisation de notre but. Mais dans nos actions ordinaires qui sont normalement réussies, nous pouvons agir volontairement sans tenter quoique ce soit. Rott [3], à la suite d'expériences d'ailleurs controversées de Libet [4], qui montreraient que notre volition consciente se déclenche après que nous ayons lancé l'activité motrice, pense que la volition est simplement une capacité d'inhibition. Mais nous pouvons utiliser la même stratégie pour la volition que pour la responsabilité. Il y a une notion de volition sur le mode du tout ou rien, et une autre qui admet des degrés [5]. Si nous avons une intention motrice, alors nous voulons atteindre notre but. La volition est ici une motivation agissante. Ce n'est assurément pas une étape antérieure par laquelle il faudrait passer pour démarrer l'action. Mais, de même que l'intention a des degrés (intention motrice, intention en action capable de mises à jour, intention capable de révision), de même la volition, au second sens. Ce que nous appelons d'ordinaire volonté requiert des intentions capables de révision, puisque alors il nous faut soit faire appel à des révisions qui impliquent des détours plus longs – ce qui exige d'inhiber notre tendance à persévérer dans une action plus directe – soit maintenir ou accroître la mobilisation

1. C. Ginet, *On action*, Cambridge, Cambridge University Press, 1990.

2. B. O'Saughnessy, *The Will, a dual aspect theory*, Cambridge, Cambridge University Press, 1980.

3. H. Rott «Logique et Choix», *in* P. Livet (ed.), *Révision des croyances*, Paris, Hermès-Lavoisier, 2002, p. 126.

4. B. Libet, « Do we have free will?», *Journal of consciousness Studies*, 8-9, 1999, p. 47-57.

5. Cf. J. Proust, *La nature de la volonté*, Paris, Gallimard, à paraître.

d'énergie qui nous permet de continuer l'action, quand elle se heurte à des forces contraires – il faut alors inversement inhiber des tendances à l'abandon de l'action. La constitution progressive d'un riche réseau de révisions possibles va évidemment de pair avec la capacité à choisir un chemin particulier dans ce réseau et donc à inhiber provisoirement les autres. Nous aurons alors d'autant plus de volonté que nous disposerons de possibilités de variations, de reconnexions à notre but malgré des détours. Mais il faudra encore que nous sachions suivre dans ce réseau le bon circuit au bon moment. C'est ce que l'on appelle une volonté exercée. Car c'est toujours l'exercice de l'action qui nous permet d'explorer les révisions possibles et de nous constituer par là même une volonté éclairée.

TABLE DES MATIÈRES

Imprimerie de la Manutention à Mayenne – Mars 2005 – N° 68-05
Dépôt légal : 1er trimestre 2005

Imprimé en France